Catch on!
知道的書

大貶值

黃金價格與貨幣震盪的
全球大敍事

THE GREAT
DEVALUATION
HOW TO EMBRACE, PREPARE, AND PROFIT
FROM THE COMING GLOBAL MONETARY RESET

亞當‧巴拉塔 Adam Baratta —— 著

鄭婉伶、鄭依如、王婉茜、陳羿彣 —— 譯

—誠摯感謝

謝謝基里爾和喬許，你們真的是不可多得的合作伙伴，謝謝你們這麼能幹，讓我能夠持續說故事。

謝謝我的兄弟安迪，你才是家族裡真正的作家，謝謝你犀利的見解以及不斷的提問，你的意見讓這本書能夠更上層樓。

謝謝崔兒喜，你凝聚了公司內部力量，是我最堅強的依靠。

謝謝約翰叔叔，我們的辯論帶給我莫大的幫助，謝謝你持續無私地鼓勵我。

—情比金堅

母親，您的手將永遠放在我的肩頭，我將延續您賦予我的恩惠。

夏綠蒂，你為我的生命譜曲，你是最完美的旋律。—ABCB4VR

嘉貝拉，你是上蒼給予我們最好的禮物，爸媽給你的愛比黃金更加堅定。

大貶值 THE GREAT DEVALUATION

午夜前最後一分鐘

One Minute to Midnight

　　如果十年前有人告訴我，我將會成為一名財經作家，而且還能在黃金和全球經濟的議題上享有一定聲量，那麼我覺得你瘋了。十年前，我的生活和現在截然不同，那時候，我還在娛樂產業裡追逐夢想。大學畢業後，我花了20年在好萊塢力爭上游，身分從「演員」、「編劇」到「導演」，最後終於當上了「製作人」。我一直是一名渴望說故事的人，說故事是我的熱情所在。

　　然而，有一則故事讓我在七年前完全退出娛樂產業，我了解得越深，便越意識到必須讓每個人聽到這則鮮為人知的故事，可能是太希望大家聽到了，所以儘可能傳頌這則故事就變成了我的人生志業。坦白說，一開始我也不太確定由我來分享是否恰當，但後來我認為我有責任將這則發人深省的故事分享至全世界，因為世界上有很多人需要知道這則故事。我寫過書和新聞稿，監製過幾部得獎影片，執導過不少紀錄片，主持過許多網路研討會，創作過一些動畫和童書，我也曾在世界各地演講，超過萬人訂閱我的簡報。

　　那麼，我前面提及的故事內容到底是什麼？以最簡單的形式來說，就是我第一本書的標題《華爾街不讓你知道的投資金律》（Gold Is A Better Way: . . . And Other Wealth Building Secrets Wall Street Doesn't

——午夜前最後一分鐘

Want You To Know，原文書名直譯為《黃金是較好的投資選擇》）。這本書希望挑戰人們看待投資的觀點，書中解釋了華爾街模型如何崩壞，以及黃金為什麼名列世界上被誤解最深的資產，最後登上了美國書籍暢銷排行榜。

《華爾街不讓你知道的投資金律》之所以會引發大眾共鳴，我相信有幾個原因：第一，我不是金融圈內人，所以不會平鋪直敘地描述市場現況，而是使用一種嶄新的視角來觀看和說故事；第二，因為我是對的。《華爾街不讓你知道的投資金律》於 2018 年 8 月 14 日出版，當時黃金的價格為 1192 美元，如今已經上漲至 1498 美元，漲幅為 25%，同時期的道瓊工業指數（Dow Jones，簡稱道瓊指數）則是下跌 25%，如此的差距還只是剛開始，未來十年內兩者差距會更加顯著。我預測未來十年，黃金漲幅會是股票的八倍，這也是為什麼我將所有的資金都投資在實體黃金上。

為什麼我能如此堅定呢？因為我相信人類即將複製90 年前曾經犯下的錯誤，馬克・吐溫（Mark Twain）有句名言說道：「歷史不會重演，但類似的事情肯定會再次發生。」對於生活在 1920 年代繁榮經濟裡的人們來說，1930 年代的經濟大蕭條根本難以理解，但對於人類

的未來，經濟大蕭條後的一切卻是非常好的借鏡。事情發生的順序總是十分相似，股票市場崩盤帶來經濟衰退，全球性的經濟大蕭條隨之而來，最後以貨幣重置告終。本書將告訴你這些事會如何發生，以及人類的未來會如何重蹈覆轍，因此，我將此書題名為《大貶值》，藉此提醒讀者注意即將到來的風險。

你從開頭應該就會發現，這本書和其他市面上關於投資、黃金和全球經濟的書都不一樣，一切都是我刻意而為。我是一名說故事的人，說故事是我獨特的風格，我的目標是將故事以你能理解的方式說出來，並且吸引你真正了解故事的內涵，如此一來，你便能從中獲得最大利益，付諸行動並累積財富。為了讓故事更容易理解，我會試著不用同類書籍中的複雜語言，而是輔以圖片、形象化描述、兒童故事與淺顯易懂的類比。我會提供一個全新的視角，你能從中看清世界局勢。

這則故事絕對會讓你大吃一驚，而且你還會因為自己從未聽過這則故事而感到驚訝。故事裡有不少英雄和壞蛋，也有諸多危險和風險，訴說著權力和掌權者，以及掌權者如何費盡心力鞏固自己的權力，如同每個偉大的故事，這則故事也有開始、中段和結尾。正當所有人都

——午夜前最後一分鐘

受這則故事影響時，為數不多的人早在故事開始前就已
經察覺，這也是為什麼我不得不說這則故事。

　　故事內容包含世界經濟、美元、美國聯邦準備系統
（Federal Reserve，簡稱聯準會）以及上述三者的死
敵──黃金。

　　故事從開始就故意設計得令人費解，一群有權有勢的
人創造了聯準會，也發明了一些艱澀難懂的新字和概念，
因為這些術語越難懂，人們就會問越少問題。隨著時間
推移，這些術語變得越來越難以捉摸，規則也一直改變，
使得公民越來越困惑。

　　為什麼事情一定要如此複雜呢？因為賭注太高，且現
實太容易看清。聯準會設立目的在於，讓少數有錢的銀
行家與產業巨頭更有錢，這些有錢人包括洛克斐勒家族
（Rockefeller）、范德比爾特家族（Vanderbilt）、
卡內基家族（Carnegie）以及摩根家族（Morgan）。
他們成立聯準會的真正目的必須永久保密，為了要讓他
們的計謀得逞，聯準會的設立目標必須看起來像是為了
大眾福祉。只要這些家族可以徹底隱藏他們真實的動機，
就能累積無上的財富和權力，甚至達到超越史上最偉大
帝王的程度，與此同時，還能成為人民最大的捐助者。

　　這一切是如何運作的呢？聯準會的誕生促使中央銀行

能夠合法掌握所有公民的錢，其設計就是用來擴張貨幣供給，將真正的金錢從大多數人手中搶走，流向有錢的極少數人。

這些人完全不用負擔後果，至少能躲過一陣子，直到他們貪婪的胃口養得過大，造成債務危機，引發全球經濟崩盤，也就是眾所周知的「1929 年經濟大蕭條」，當時聯準會的權勢大到無人能敵，它對整個貨幣系統來說太重要了，無法任其失敗後就消聲匿跡，最後只能由政府和政客們接管。過去 90 幾年，聯準會不斷由銀行家和政客輪流控制，政客的控制讓無法償還的鉅額帳務無限擴張，銀行家的控制使得投資階級透過巨大的金融資產泡沫致富。隨著時間，銀行家和政府組成了共犯結構，如今，我們必須同時承擔資產泡沫和無力償還的債務。

只要聯準會存在的一天，銀行家和政客都不會揭露這個組織的真面目。這也是為什麼隨著美金的故事展開，陳述規則的字詞變得更高深，**量化寬鬆、聯邦資金利率、實質利率、隔夜附買回操作、換匯額度、收兌外幣、通貨膨脹、通貨緊縮**，如今還增加了**負利率和殖利率曲線控制**。這些過於難懂的術語和概念，讓大多數人完全不想試著理解，而願意理解的人都是圈內人，他們持續從眾人的迷惑中獲利。

——午夜前最後一分鐘

　　權力使人腐化，絕對權力使人絕對腐化。對銀行家和政府雙方來說，挾持美元的權力大到難以承擔，每當他們濫用權力，都會引發巨大的債務危機，危機的出現允許另一方爭奪權力，而我們又再次陷入危機之中，只是這次聯準會氣數已盡了，大貶值將會是其終局。咆哮的 20 年代過後，隨即迎來 1930 年代的經濟大蕭條，當時的貧富不均造成了兩極對立。引發經濟大蕭條的債務危機，與我們現今的局勢有諸多相似之處，我認為我們繞了一圈，又回到了 90 年前的原點。我們都看過這樣的情形，但我希望分享過去和現在的相似之處，如此一來，我們才有可能意識到風險，並且評估最好的應變之道。

　　最近，我應邀至加拿大溫哥華會議中心進行一場 20 分鐘的演講，這場年度活動辦在 2020 年 1 月 20 日，吸引超過 1 萬人共襄盛舉，來自世界各地的與會者都希望透過活動吸收貴金屬、礦物以及世界經濟相關的最新資訊。

　　我那個週末的演講主題是貨幣制度的弱點，以及全球經濟已經一腳踏入前所未有的債務危機，這場危機可能會因為一些難以預測的原因而爆發。

　　我認為這些事情大概每 90 年會發生一次，事情發生

時，人類承受隨之而來的後果，這些後果甚至會影響了人類對於未來的整體看法。我認為類似的事件即將要發生，再加上全球經濟疲軟，這個事件很有可能會導致整個貨幣系統重置，因此，我將演講題目訂為「黑天鵝」。

這場演講旨在點出全球債務呈現指數成長，成長速率類似於未知的致命病毒，演講期間，我讓觀眾看了一支病毒在玻璃瓶中成長的影片，並向台下觀眾發問，如果實驗從晚上 11 點開始進行，此時，玻璃瓶內只有一株病毒，病毒數量會每分鐘翻倍成長，所以午夜來臨時，玻璃瓶內會充滿病毒，試問病毒數量於何時會達到玻璃瓶的一半呢？

這個思考練習是為了凸顯人類總是不斷犯下相同錯誤的原因，我們不太容易發現指數成長的存在，當天台下觀眾的答案就是最好的證據，他們多半認為玻璃瓶於晚上 11：30 分就會半滿，但其實玻璃瓶要一直到午夜前一分鐘才會半滿，當然，到時想阻止一切就來不及了。

我相信這個例子剛好可以解釋，過去二十年內指數成長的美國國債面臨的問題。川普政府的債務很有可能達到歐巴馬政府的兩倍，而歐巴馬政府的債務是布希政府的兩倍，布希政府的債務也是柯林頓政府的兩倍，債務的指數成長已經越來越靠近漸近線，若債務持續翻

　　　　　　　　　　　　　——午夜前最後一分鐘

倍，原本的曲線便會 90 度轉向直衝無限大。結論是美國債務已經變成了一株失控的致命病毒，其成長速度快到難以抑制。在我結束演講時，我還不知道 COVID-19 的病毒正快速增生並即將席捲全球，當時，人類還沒將 COVID-19 的致命性放在心上，事後才發現原來 COVID-19 是真正的黑天鵝。

　　或許現在看來十分不可思議，但 COVID-19 帶來的經濟海嘯並不是本書原本要預測的那種經濟衰敗。對於世界經濟來說，本書比較像是儀表版上的「檢查引擎」燈號，而 COVID-19 只是一個即時或悲慘的警示，印證了書上欲傳達的訊息。相信大家都熟知於心，美國經濟並非處於一個「最好」的狀態，甚至無法稱其為「強健」，充其量只是一間奠基於失控債務與財政騙局上的紙牌屋。當然，COVID-19 是無法預測的，我雖然沒預測到危機，卻預測到國家的反應。

　　在加拿大的那場演講裡，我點出經濟震盪是無可避免的，甚至還不知從何而來，我演講的結論是，下一波經濟震盪會造成嚴重的經濟衰退，逼得聯準會必須將其資產負債表擴增 20 兆美元，使美國整體債務即將上升到 50 兆美元。我預測這一切到 2027 年就會發生，從那時

開始，我這場演講也開始在網路上瘋傳。

截至目前為止，美國政府面對危機的應變之道是將利息降至 0%，並且馬上發出 6 兆美元的紓困基金，政府的行動驗證了我的預測十分準確，我們可以確定政府還會投入以兆為單位的資金刺激經濟，這是他們唯一能想到的解方。世界經濟或許能因此多撐幾哩路，但我們都知道不能忽視檢查引擎燈號太久，因為車子很快就會拋錨了。

在過去，生命中只有兩件事有保證：一是死亡，二是賦稅。我相信現在可以加上第三件事，那就是全球政府會繼續債台高築，他們唯一的解法就是印更多鈔票，因此，我必須繼續說故事。本書延續《華爾街不讓你知道的投資金律》留下的伏筆，但這次的故事不僅僅是建議投資人購入黃金，而是探討現今兩極化的世界，為什麼我們都這麼憤慨？是誰造成了這股憤慨？世界不願面對的下一步又是什麼？

我心中前電影製作人的角色，希望能將故事用最有影響力和效率的方式總結，這種描述方式在娛樂產業稱為「劇情概要」（Logline），意指電影、電視節目或者書的簡短綱要，篇幅只有一兩個句子，為了吸引讀者以及描述故事的中心衝突。舉例而言，珊卓布拉克（Sandra

——午夜前最後一分鐘

Bullock）與基努李維（Keanu Reeves）主演的電影《捍衛戰警》，其賣點就是「公車上的《終極警探》（Die Hard）」。若沿用這個公式，我會說你即將讀到的故事是「當《今天暫時停止》（Groundhog Day）遇上經濟大蕭條」。

1930 年代的經濟大蕭條帶來了為期超過十年的全球貨幣重置，見證了世上最大規模的財富轉移；2020 年代的大貶值可能會帶來更多痛苦，並且可以預見更大規模的財富轉移。本書點出了兩者的相似性，解釋為什麼大規模貨幣貶值是無可避免的，並提供一個解決辦法，或許能讓世界經濟不需要經過另一場世界大戰即可重整。

我從一個財經領域的門外漢變成圈內人，過去七年，我悉心學習財經圈內人的語言，所以我才有辦法將那些行話解釋給你聽。我不知道本書會不會成為哈佛商學院的教材，不過他們應該考慮參考一下，但好消息是，你不需要長春藤名校學位，只需要記得歷史教訓，就能在未來十年內佔到能夠獲得巨大財富的位置。

西班牙裔美籍哲學家喬治‧桑塔亞那（George Santayana）有句名言說道：「忘記歷史的人註定重蹈覆轍。」任何人想預測未來，只需要了解並銘記過去。因此，本書希望提醒投資人審視過去的錯誤，不是為了

警告讀者，而是為了讓讀者能夠搶得先機，準備好應變未來可能發生的事以及全球無可避免的貨幣重置。那一刻即將來臨，而我們離午夜只剩最後一分鐘。

後記

今天是 2020 年 5 月 10 日，母親節。

我於 2020 年 2 月 14 日交出本書的最終稿，因為COVID-19 帶來的經濟震盪規模和速度超乎想像，所以原文出版商容許我增加新版的第一章，以及在本書第一部和第二部的每章節後增加附錄，標題為「約 28 個交易日之後」。這些章節會突顯最新的資料，為讀者提供一個絕無僅有的機會，看看每一章節的邏輯和預測是否準確。

本書是一部現世預言，雖然 COVID-19 所帶來的影響才正要開始，很多事情還是未知數，但我相信COVID-19 恐怕是真正的黑天鵝，極有可能改變我們未來的一切。身為一名作家，我受到改變的速度挑戰；身為一名有遠見的思想家，我對自己預言的正確性感到詫異。這個前所未有的組合為讀者開啟了一扇窗，從中能夠更看得清未來，並在評估未來時提供更有深度的見解。

——午夜前最後一分鐘

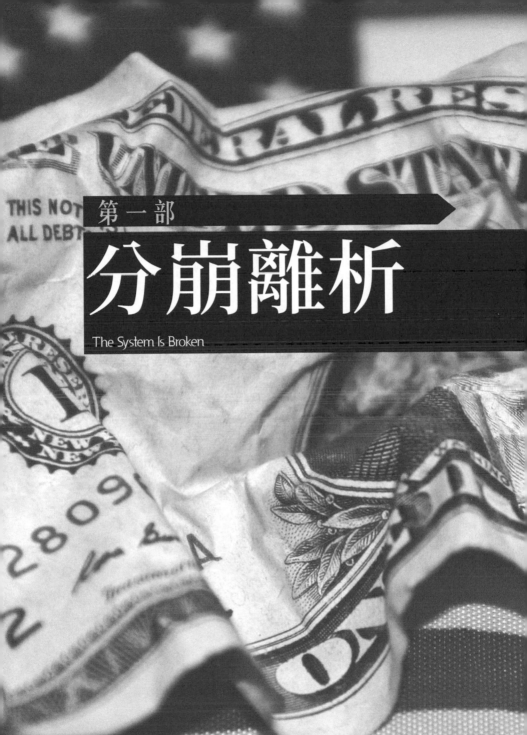

第一部

分崩離析

The System Is Broken

1
寄生上流

Parasite*

---

* 編按：本書作者均以一部好萊塢電影片名為每一章取名，在之後各個章節，譯文章名若與當時上影時的中文片名有若干差異，將另行備註指明。

2020 年 3 月 3 日，星期二，聯準會主席傑洛姆·鮑爾
（Jerome Powell）緊急宣布將聯邦基金隔夜銀行同業
拆借利息調降兩碼（50 個基點），全球金融市場看得目
瞪口呆。當時，聯邦基金的利息為 1.75%，道瓊指數收
在 26703 點。

> 「經濟前景即將面臨新風險之際，同仁和我選擇採
> 取此行動鞏固美國經濟，美國的經濟基礎依舊穩
> 健。」—傑洛姆·鮑爾

鮑爾語畢幾分鐘內，道瓊指數會暴跌超過 1000 點，
他的緊急措施激起了美國股市史上最動盪不安的幾週，
接下來幾天的股市都在 1000 點的範圍內大幅震盪。當週
收盤後，看似創下史上最大單日漲點的股市一路狂瀉超
過 10%，宣稱「零風險」的 10 年期公債殖利率掉到近
0.3%，堪稱歷史新低。不幸的是，這一切都只是漫漫長
月的開端而已。

川普總統任期前三年的政績正好搭上股市大漲的順風
車，就連尋求連任的競選策略也是主打整體經濟的成功，
並且特別聚焦於股市高點，但他本人似乎對實際情況漠
不關心。幾週前，2020 年 2 月，川普滿心歡喜看著自己

—寄生上流

的支持度創新高，與此同時，股市也飆到了歷史新高。
聯準會宣布緊急降息的前一晚，川普還在到處炫耀美國
目前的經濟達到史上最強盛，甚至推文道：

> 「我們國家正興盛——偉大的美國即將回歸，而我
> 們有幸躬逢其盛！工作機會快速增加，國民收入直
> 線上升，貧窮人口銳減，國民信心遽增，美國國軍
> 的勢力更是銳不可擋。我說到做到！」
> 川普真實推文，3 月 2 日

聯準會知道了什麼，是川普不知道的呢？一種名為
COVID-19 的病毒，發源於中國，並開始以流行病的規
模肆虐全球。病毒在中國境內發跡並快速傳播時，中國
政府領導人被迫關閉許多條國內生產線，進而影響了全
球供應鍊，即便如此，世界上其他國家起初都認為病毒
離他們還很遙遠，可能不會持續太久。但當 COVID-19
疫情延燒至歐洲、日本、南韓和美國時，大家樂觀以待
的看法瞬間變了調。

聯準會了解此時情況艱難，但不完全是因為病毒本
身，而是因為他們很快體認到，這個病毒就是他們一直
很害怕的催化劑。COVID-19 病毒就是揭發真相的黑天

鵝，世人即將發現全球經濟完全是建立在成堆的債務上，如同一間隨時會倒塌的紙牌屋。聯準會隨即面臨到的問題是，較為精明的投資者已經察覺到美國經濟潛藏的弱點。聯準會透過一連串降息以及資產負債表擴張，於系統內注入流動性資金，時間超過 10 年。華爾街佔了所有的便宜，過去十幾年間，公司的執行長和高階主管透過高槓桿投資與股票回購，取得許多免費的鈔票，獲取極大的利益。這一切使得股市價值上升至無以復加的地步，與實際經濟狀況完全脫節。公司企業收入於前一年度連續七季呈現負成長，但股票價格卻上升近 30%，年表上股價和收入間的趨勢線呈現「鱷魚的下顎」，隨時可能崩塌。聯準會希望緊急降息能夠緩和市場，沒想到卻起了反作用。宣布降息當天，早就準備出場的華爾街圈內人，有志一同地快速離場。這絕對是一個新世界。過去十年內，股市總是正面回應聯準會額外的融通措施，經濟上的壞消息，對華爾街來說都是好消息。貨幣兌換商發現實際匯率越差，聯準會就會給出更多甜頭；「寬鬆貨幣」越多，甜頭就越多，股市也就上升得越高。任何人若有所懷疑，只要看看央行的資產負債表就懂了。自 2009 年起，只要聯準會擴張資產負債表，股市便會上漲；只要資產負債表緊縮，股市一定急遽下跌。此時，華爾

——寄生上流

街圈內的祕密「別跟聯準會作對」，成為保守派投資人的金律。

　　然而，時代不一樣了。聯準會宣布緊急降息後不久，經濟開始緊縮，等著低利率刺激股市飆升的人，被迫認清股市已經沒救了。降息未能有效緩和市場情緒，證券交易市場反而如石頭般重重下滑，聯準會預計在兩週內再次召開例會，這也表示市場很可能必須等待更多甜頭。相信實體經濟環境始終穩健的人，十分驚訝於股市暴跌的速度；那些注意到巨大債務泡沫的人轉而「看空」，他們知道市場下跌幅度可能會更大。

　　證券投資市場裡的**流動性**一詞指的是，資產交易中有買賣雙方，市場裡的買家多於賣家，資產的價值便會上升，反之，市場裡的賣家多過買家，資產價值便會下降。當市場內的投資者都在拋售證券，但沒人願意購買，此情形便稱為「流動性危機」。聯準會緊急降息後，市場於幾天內出現了許多缺口，債券市場流動性完全停滯，紙面資產買賣差價急遽擴大，缺乏流動性的市場將帶來更大的波動性。波動率指數（VIX）是用來測量波動率的指數，過去五年內一直維持在 15 美元，最近攀升至 82 美元。許多避險基金過去都藉著高波動性大舉賣空，或使用高槓桿財務操作，但碰到這一波劇烈的漲幅，也

只能摸摸鼻子。幾天內，股票狂瀉超過 20%，以史無前例的速度落入熊市，終結了美股史上最長、連續 11 年的牛市。幾週前持續上漲的市場轉而跌落谷底，急需進一步的緊急措施進場救盤，而且必須在聯準會定期例會前有所作為。

　　股市流動性危機中的提油救火，也同時發生在原油市場裡。前石油輸出國組織（OPEC）夥伴國俄羅斯以及沙烏地阿拉伯談判破裂，引發了懦夫賽局式的油價戰。通常面對需求衝擊，產油國多會採取「減產」，但沙國並不願意從善如流，反而決定增產，使全球原油市場呈現供給過剩的局面。一週內，原油價格從每桶 44 美元下跌至 22 美元，跌幅為 50%。沙國傾全力將每日產量從 1000 萬桶提升至近 1300 萬桶，但這波供給增加剛好遇上世界旅遊業不景氣，兩者強碰之下，供給端和需求端都遭受到極大的衝擊，原油價格崩盤更為全球股市帶來更多壓力。陰謀論者猜測，油價戰很可能是俄國總統普丁間接攻擊美國的手段。

　　不管油價背後的真相為何，聯準會顯然必須介入，採取更積極的作為。3 月 15 日，星期天，聯準會二度召開緊急記者會，時間特意選在盤前交易開始前，侷促不安的主席鮑爾於直播會議中宣布，聯準會正式將利率調降

──寄生上流

至零，此外，他也宣布聯準會已採取相關措施，確保債券市場能夠維持正常運作，鮑爾堅稱，這些措施是為了「維持」經濟健全。

然而，這些措施與鮑爾口中健全、運作良好的經濟相抵觸。自 3 月 3 日首次緊急降息起，聯準會多次召開記者會、發表聲明，央行於過程中提供了大量的融通資金。除了將利息降至零，聯準會更重啟 2008 年危機時期的政策性資產購入計畫，為美元提供更多換匯額度，放寬銀行法規、鼓勵借貸。聯準會也宣布購入與回購長期公債，金額超過 1 兆美元，其介入公債金融市場的罕見舉動，被視為面對 COVID-19 疫情爆發的應變措施，但此舉對市場完全沒幫助。事實上，聯準會的行動反倒促使市場崩盤，因為投資人猜測，聯準會在隱瞞一些他們看見的事。

對華爾街來說，這些極端的作為反映了更深層的問題。隔天，美股面臨 1987 年黑色星期一以來最大單日跌幅，單一交易時段內整整暴跌 12%。

3 月 23 日，道瓊指數從 6 週前的最高點下跌 37%。根據彭博社的資料顯示，股市崩盤會讓 2 月高點進帳的 26 兆美元瞬間蒸發，損失金額相當於 2008 年房市危機的三倍。儘管政府機關與電視名嘴一再保證股市沒問題，

但大多數投資人還是決定先拋售手中的證券，再來了解發生什麼事。投資人集體出場後，整個系統又陷入了僵局。

證券交易所設有名為**跌停**的「停損開關」，為暴跌的股市止血，若市場正常交易時下跌超過 7%，或在盤後交易時下跌 5%，股市交易便會暫停 15 分鐘。此市場崩盤保護機制於 1987 年黑色星期一後誕生，當天股市於 24 小時之內暴跌 27%。跌停限制旨在預防恐慌性拋售，33 年來，美國股市活躍的交易裡只出現過兩次跌停。聯準會首度宣布緊急降息後兩週，股票遭到大量拋售，股市於正常和隔夜交易時段共計被迫暫停五次，就連投資風險最低的黃金也不例外。投資者爭先恐後的出場，並且願意將任何賣得掉的東西變現。

這個史無前例的崩盤締造了美股史上最快墜入熊市的紀錄，不幸的是，世界其他地方的股市也無法倖免於難。受經濟衰退所苦的義大利和法國，為了防止病毒擴散，啟動全國性封城，全球股市一致崩盤。

澳洲、日本和歐盟央行皆召開緊急記者會，有志一同地將利率砍到歷史新低，到達負利率的地步。他們異口同聲，承諾用盡一切方式防止經濟崩盤；他們請求政府提供財政協助，例如：減稅和其他財政刺激方案。

——寄生上流

　　3 月 17 日，星期二，川普總統偕同財政部長史蒂芬‧梅努欽（Steve Mnuchin），宣布推出超過 1 兆美元的財政刺激方案。財政部也表明準備竭盡所能挽救經濟，他們在記者會上端出的應變措施，是截至目前為止最極端的手段，而且竟然還是由共和黨政府提出的。美國總統宣稱「經濟處於歷史頂峰」，兩週後，他提議讓財政部直接對美國公民發放 1000 美元現金紓困，並且無限期延長報稅截止日期。在這兩週內，美國從資本主義轉向社會主義，換句話說，此舉若通過施行，財政部必須直接掏出 1 兆美元送給美國人民，與此同時，他們每年四月報稅季預計進帳的 4000 億美元，將因為報稅截止日期延長而短缺。3 月 22 日，星期天，原本提議的 1 兆美元財政刺激方案，升級成總計 4 兆美元的緊急流動性援助，當然，任何財政刺激方案都需經過國會同意。

　　3 月 22 日，星期天晚上的電視黃金時段，美國最長壽電視節目《60 分鐘》（60 Minutes）專訪明尼亞波利斯聯邦準備銀行總裁尼爾‧卡斯哈里（Neil Kaskari），在這個精心策劃的訪問裡，卡斯哈里向市場傳達一則訊息：如果必要的話，聯準會將不會停止印製鈔票。這應該是一位央行分行總裁口中最斬釘截鐵的話了，他的訊息十分清楚，聯準會將竭盡所能削弱美元。

到了星期二，黃金價格已上升至每盎司超過 200 美元，這是史上兩天內的最大漲幅。

聯準會和全球各國央行的作為，加上美國政府承諾的財政紓困方案，構成史上最大規模、最前所未聞的貨幣和財政刺激計畫。這些刺激方案會開始在世界各地鬆綁，意味著「大貶值」的時代已經正式揭開序幕。

就算世上大部分投資人都對這些措施感到驚訝，有一群人早已蓄勢待發，而我就是其中一人。上述所有事件我早在兩年多前就預測到了，我不僅知道接下來會發生什麼事，我也已經準備妥當。我將本書最終手稿交予出版商時，這些事情才剛開始發生，雖然我不確定短期內會發生什麼事，但我堅信未來的路一定漫長又痛苦，而我們將會見證史上最大規模的財富轉移。相較於 1930 年代的經濟大蕭條，2020 年代的大貶值很有可能會帶給人類更多痛苦。

但沒人問到一個關鍵問題，「這筆鉅款究竟從何而來？」世界各地的政府皆已破產，過去 20 年內，全球債務上升整整七倍，但沒有一個國家還得起債務，即便德國從威瑪共和便開始擁護健全貨幣體系，同樣逃不過這場債務風暴。德國宣布發行超過 4000 億歐元的新債，藉

——寄生上流

此將國內生產毛額（GDP）提升 10%。3 月 22 日，星期天，德國總理安格拉·梅克爾（Angela Merkel）宣布她有感染病毒的疑慮，因此將展開 14 天自我隔離，自此之後，一切似乎變得更真實。油價衝擊和 COVID-19 組成了一隻黑天鵝，這隻黑天鵝大到足以改變整個人類的觀點，這些事件極為罕見，可能會對經濟造成災難性的損害，而且無法透過標準工具預測。根據定義，黑天鵝事件就是不可預測的。COVID-19 就是醫學上肆虐全球的黑天鵝，專門攻擊人類的呼吸系統，而且極易傳染。早期報告顯示，COVID-19 的致死率近 3%，對年輕和身強體壯的人而言不足以致命，但對身體虛弱的人來說卻是加倍危險，再加上染病跡象很難發覺，許多染病的人都沒有明顯病徵，就算有出現病徵，也要等到 14 天後才會顯現。因此，病毒非常難被抑制，因為帶原和傳播者通常不會注意到自己已經染病。

疫情初期，美國總統甚至宣稱這些病毒為「左派的陰謀」，是民主黨用來貶低政府的工具。即便美國央行宣布緊急降息後，川普似乎還是與現實脫節，他持續告訴人民疫情有「被控制住」。即便紐約、加州、伊利諾、俄亥俄以及賓州皆全州封城，川普仍拒絕承認全國封城的必要性。他疫情初期不以為然的態度，只有助長了隨

之而來的混亂，川普和他選任的科學家幾乎天天召開記者會。就連川普的首席科學家安東尼・佛奇（Anthony Fauci）都已經警告疫情真的不容小覷，川普還是堅持疫情很快就會過去，要大多數的美國人不用擔心，相較於迫在眉睫的健康危機，他更關心股票市場。但是時序來到聖帕翠克節時，川普的態度改變了，他不再否認這個衛生危機的存在，許多人正在垂死掙扎。

　　短短兩週內，聯準會啟動了一連串複雜的貨幣刺激方案。3月17日，星期二，聯準會重啟商業本票融資機制（Commercial Paper Funding Facility, CPFF），提供流向企業和家庭的資金，還成立主要交易商融通機制（Primary Dealer Credit Facility, PDCF），化解主要交易商持有大量商業本票而資金短缺的問題。星期三，聯準會設立貨幣市場共同基金流動性工具 (Money Market Mutual Fund Liquidity Facility, MMLF)，一個為貨幣市場擔保的緊急融通方案；星期四，聯準會擴大與各國央行建立的流動性換匯額度，聯準會承擔起最後放款人的責任，這個重擔已經大到難以想像。多數人不知道的是，這些極端措施之所以必要，是因為他國央行過去幾十年來的作為，如同縱火犯的央行，犯罪後還被要求撲滅自己放的火。

　　　　　　　　　　　　　　　　　——寄生上流

　　3 月 22 日，股市達到最高點僅六週後，世界各地的央行和政府額外增加了 3 兆美元的融通資金，並提議接下來幾週內再投入總計約 7 兆美元的資金。

　　COVID-19 最後也成了經濟上的黑天鵝。**潛在病症**（underlying conditions）意指表面下會影響基礎的結構性問題，這個詞很快變成了全世界的慣用語。醫學上，這個詞描述病毒加諸在健康堪憂的患者身上的危險，雖然病毒不會影響強壯的人體，但對高血壓、糖尿病、心臟疾病、癌症、氣喘以及其他慢性病患者來說，這個病毒是會致命的。

　　將「潛在病症」一詞挪用到經濟學上再適合不過了，沒有更適合用來形容世界經濟的詞了。現實情況是，川普總統口中史上最強盛的經濟，只是海市蜃樓般的癡心妄想，表面看似強壯，卻暗藏著許多病症。在過去，世界經濟的基礎都是建立一堆又一堆廉價且高槓桿的債務上，即使貨幣系統已經存在超過 75 年，但 COVID-19 可能會對其造成致命的一擊，不僅是因為貨幣系統老舊，更是因為系統底下瀕臨破產邊緣的財政基礎。

　　世界目前面臨的問題不僅是無力償還債務而已，潛在的兩極分化和怒氣更不斷飆升，這股怒氣源於幾十年來

貨幣操縱衍生的貧富不均，追根究柢就是央行闖的禍，尤其是聯準會搞的鬼，而這次他們的危機處理，將讓他們的罪行敗露。

——寄生上流

2
換位思考

Trading Places*

現代的有錢人比以前的有錢人聰明嗎？他們比較有才華還是更有生產力嗎？他們為社會注入更多價值嗎？那中產階級呢？現代的中產階級的比較不聰明嗎？一般人對社會的貢獻比 30 年前少很多嗎？

過去 30 年間，金字塔頂端 1% 的富人總計進帳了 21 兆美元的財富，這個數字聽起來可能很多，但同一時期內，社會底層 50% 的窮人卻損失了 9000 億美元，相較之下，你更能體會富人的收入有多麼驚人。如今，前 1% 的人擁有整個國家超過 50% 的財富，但底層 80% 的人加加減減只能湊到 7%。富人更加富有，其他人則越來越窮。

如今，執行長的收入是底下員工的 360 倍，表示一名中產階級員工一個月的收入，執行長只需要工作一小時就能獲得，這些有錢又幸運的少數佔美國人口的 1%。想要躋身這 1% 的菁英階級，每年平均需賺取超過 130 萬美元，以及擁有價值超過 1000 萬美元的資產。這 1% 後面 60% 的美國人被歸為中產階級，這些人平均年收入為 5 萬 7000 美元，淨資產總價為 9 萬 7000 美元。中產階級以降的美國人口被歸為貧窮，平均年收入為 2 萬 5000 美元，擁有不超過 5000 美元的淨資產。

不幸的是，這種情況不限於美國，全球各地也有類似

——換位思考

的情況。收入分配不均的問題如病毒般肆虐全球，貧富差距近年達到人類史上高峰，根據聖路易斯聯準會的數據，世界最底層 50% 的人數合計 37 億 5000 萬人，總收入為 1.3 兆美元；而根據《富比士》雜誌，全球前 20 大億萬富翁淨身價合計超過 1.31 兆，表示世界上有 20 個人的身價加總，勝過世界最底層的半數人的身價總和。這些數字理應嚇倒你，不是因為累積巨額財富是件壞事，而是因為總體的貧富差距明顯體現史上不斷重複的數學難題，而這樣的貧富差距早晚會釀成大禍。

美國的一切奠基於資本主義體制上，不論膚色或宗教，任何人都能透過努力工作、聰明才智和個人特質出頭天，正因如此，美國一直被視為機會之地，世界各地的人都羨慕我們的體制，「美國夢」一詞讓美國成為眾所周知的最佳居住地。如今，雖然某些美國夢的憧憬還能勉強成立，但美國正飛快地走下坡。希望是夢想的主要成分，但與過往相比，美國已經沒有太多希望了。

現代年輕人的機會與 50 年前的嬰兒潮相差甚遠了，千禧世代是美國史上第一個財富不會超過其父母的世代，這是年輕人都深深體會到的事實，若問及他們未來致富的頭號策略為何，得到的答案是大多都是「繼承遺產」。

　　學貸的壓力讓千禧世代無法投資，他們延遲買房、推遲買車、延緩結婚，全因忙著償還債務。別忘了，自 21 世紀以來，大學學費上漲超過兩倍，但上大學的人數卻是史上最多，現代的大學學位與幾個世代前的高中學歷一樣重要，這表示千禧世代不僅擁有比任何世代更多的大學學位，也比自己的祖父母多承擔三倍的債務，而一切都發生在他們進入勞動市場前。

　　對未來的投資市場來說，龐大的債務壓力會是個大問題，任何持有大量財產的人都應該感到害怕。現在，千禧世代都長大成人了，千禧世代的最後一批於 2019 年大學畢業，他們將主宰未來 30 年的經濟，但現在卻面臨著巨大如山的債務。

　　最近，我和一名 33 歲的醫生進行一番討論，他的治療專長是運動傷害復健，也曾擔任美國奧運國家隊的隊醫，這名年輕人相當傑出，但他的情況卻總結了大多數年輕人面臨的難題。他告訴我，他和太太努力工作還債，他帶著超過 25 萬美元的債務畢業，努力工作就是為了還債，他很高興地說，終於有不錯的收入了，而且去年已經還了四萬美元的學貸。他的責任心令我印象深刻，我好奇地問他的學貸利率是多少，他說，我很幸運，我

――換位思考

的學貸利率為 6.5%，但我太太和朋友的學貸利率將近
8%。

　　這個數字或許讓你十分震驚，就連我也一樣。《華爾
街不讓你知道的投資金律》的一大前提是金融資產上漲
的原因，不僅僅是鈔票印製的多寡，而是誰能支配這些
鈔票，以及他們在利率多少時使用這些鈔票。華爾街的
人曾以零利率借貸、回購自己公司的股票，而學生身為
美國未來的棟梁，卻付出 8% 的利率申請學貸，並且每
天都在試著還債，這個例子恰好點出新舊世代之間的分
歧。

　　在這個不公平的遊戲裡，有地位、有財富的人的計畫
是「借錢投資」，但對事業剛起步的人來說正好相反，
「我的薪水必須多於我的日常花費，這樣我才有餘裕還
債。」與所謂成熟的大人相比，年輕人被迫承擔還更多
責任，這是一個退步的徵兆，年輕人應該勇於冒險，老
人才需要穩紮穩打，因為事情失敗的話，他們比較沒有
時間恢復。

　　這位年輕的醫生朋友和他的世代擁有的選項都很糟
糕，他們如果不還債，信用評分就會快速下降；如果他
們選擇還債，就必須完全放棄投資。對他們來說，這是
一個不平衡的等式，當你每年還有 8% 利息的貸款要付，

怎麼可能選擇靠投資賺取僅僅 5% 的利息收益？為了說
服我的醫生朋友投資是明智的決定，就必須確保他投資
所賺的錢高於還債的錢。順帶一提，這就是華爾街的人
過去十年一直在做的事，他們借錢回購股票，在這個不
公平的遊戲中，利用比一般人優惠很多的利率借錢。

　　如果你不相信這個遊戲偏袒有錢人，聽聽現年 42
歲的丹尼爾·桑德海姆（Daniel Sundheim）的故事
吧！桑德海姆是一名避險基金經理人兼現代藝術收藏
家，根據《彭博社》的資料顯示，他最近購入一件價
值 2800 萬美元的安迪·沃荷（Andy Warhol）作
品、一件價值 3500 萬美元的巴斯奇亞（Jean-Michel
Basquiat）作品以及一件價值 7000 萬美元的湯伯利（
Cy Twombly）作品。說到這裡，你腦中浮現的第一個
想法可能是，「哇！他一定很有錢，金融管理業一定有
利可圖！」但都這不是重點，重點是這些資產化現代藝
術作品的用途**究竟是什麼**。這些藝術作品被當作**槓桿**，
不只桑德海姆這麼做，這在現代藝術圈已經行之有年，
有錢人將自己大半的藝術收藏品抵押借錢。賭場大亨史
提夫·永利（Steve Wynn）也在玩槓桿遊戲，你或許
會問，他借錢的利率是多少？根據《彭博社》報導，他

從 2015 年開始就一直用 1.25％的利率借錢，這些有錢的投資人借錢做什麼呢？他們將錢用來投資股票和其他的金融資產，但只要經濟泡沫破滅、現代藝術收藏品價格崩盤、還款期限在即，這樣的槓桿遊戲就會出問題。當然，賭場只要正常營運，他們能夠正當偷錢。

賭場的帳房是存放現金的地方，許多如《瞞天過海》的電影陸續推出，片中主角夢想通過賭場保全系統，拿著到手的現金大搖大擺走出賭場大門。《瞞天過海》需要 11 個人冒著生命危險、避免自己被抓，才能執行一場大規模的搶錢騙局，帶著上千萬美元走出賭場，但現在幸虧有聯準會，你不再需要成為罪犯，才能偷走上百萬美元。

去年，五名避險基金經理人的個人所得皆超過 10 億美元，根據《彭博社》，這個數字超過拉斯維加斯 2019 年整年度的賭金損失，這五個人要冒多大的風險才能完成這項壯舉呢？答案是完全不需要。他們不需要冒著生命危險，嘗試解開牢不可破的密碼鎖，才能帶著戰利品離開，他們完全不需要這樣做，而且沒有人會以破壞保全系統為由威脅逮捕他們，因為他們並沒有從事違法行為，是聯準會雙手奉上金庫的鑰匙。

　　就算他們的所作所為合法，也不代表這些事不令人生氣。富人用近乎零利率借錢套利，將借來的錢投注在黑箱的證券市場裡，與此同時，窮學生們卻連房租都負擔不起。根據《商業內幕》，45% 的千禧世代背負著學貸，使他們無法買房和購買能推動經濟的商品，更慘的是，千禧世代負擔的房租是他們祖父母 60 年前房租的八倍。1960 年，整體房租價格的中位數為 71 美元，如今則是 1700 美元，即便計入通貨膨脹，千禧世代負擔的房租仍是他們祖父母年輕時的四倍。

　　如此巨大的差距突顯了美國現今的政治局勢，以及社會主義如此受到年輕世代擁護的原因。千禧世代不會像祖父母一樣污名化社會主義，嬰兒潮世代記憶中的冷戰，讓他們將社會主義視為瘟疫，但這個觀念已經無法引起共鳴了。如今看來，一旦事業剛起步的年輕人體認到，聯準會的零利率政策（ zero interest rate policy, ZIRP）只是「有錢人專屬的社會主義」，真正的社會主義就變成了他們絕佳的選擇。當央行調降利率，等於捧著大把鈔票送給有錢人。

　　即使年輕一輩有能力投資，他們怎麼會想投資華爾街推薦的項目呢？1980 年代初期，嬰兒潮世代正值 35 歲壯年時期，收入差不多達到頂峰，當時股市的木益比約

——換位思考

為收入的六倍。如今，35 歲的千禧世代正邁向收入高峰，而股市本益比是卻是收入的 32 倍。更慘的是，平均利率不像以前還有 9%，長期利率現在只剩約 1.5%，表示若要論投資，嬰兒潮世代的優勢是千禧世代的五倍。如此一來，我們怎麼能夠期待年輕一輩繼續玩同樣的資本主義遊戲，用接近流血的程度，冒著風險購買股票和債券？

如果我們觀察過去 140 年來的席勒本益比（Shiller P/E）便會發現，若席勒本益比超過收入的 24 倍，長期投資者在此時投入金錢，隨著時間流逝，他們每年平均會損失 10% 的本金，如今本益比的數字已經來到收入 32 倍了。這表示年輕投資人只要試算一下，就會知道這是一筆穩賠的生意，如此一來，怎麼還有年輕人想要投資呢？哪一個投資人會這麼做？

他們會這樣做的原因只有一個，華爾街持續以老套的話術吸引你投資，例如：「你不能擇時進出市場」、「你必須長期投資」、「市場經過一段時間後一定會走高」，他們希望靠著這些話術讓資深投資人繼續投資，同時吸引年輕人進場投資。理性的長期投資人還會願意投資今日的市場，全憑這些華爾街的謊言。那華爾街拿投資人的錢去做什麼？他們竭盡所能利用高槓桿賺錢，並且盡可能從體制內撈到好處。

　　就算是有錢投資的千禧世代，也不會像祖父母那樣投資，現今的千禧世代都投資加密貨幣，或其他能夠快速致富的標的，他們絕對不會碰的標的就是股市。根據理財網站 Bankrate 的研究顯示，在 18 至 37 歲的受訪者中，僅 23% 的人說如果有一筆 10 年內都不會用到的錢，放進股市是最好的選擇。相較之下，佔受試者比例 52% 的嬰兒潮世代，超過 70% 的人將他們的錢投資在股市裡！這是一個極大的落差，而且對嬰兒潮世代來說不是划算的投資。現實來的時機點太糟了，當千禧世代面對著鉅額債務和生活開銷，他們的祖父母也正陷入水深火熱中，因為每四個嬰兒潮世代中，只有一人有金錢餘裕能夠撐到這一代的預期壽命。這表示他們會需要額外的社會保險金援，但社會保險在未來十年內極有可能破產，而且國家的債務正以二戰以降最快的速度增加。如果這聽起來很可怕，別忘了**還算有錢**的嬰兒潮世代退休後就沒有收入保障，為了維持生活開銷，他們可能會從股市和債券市場中出走。現在每天有一萬名嬰兒潮世代年屆退休，這樣的情形會持續到 2031 年，表示前人的錢會退場，但沒有新錢會投入，這將會是壓垮所有龐氏騙局和債務泡沫的最後一根稻草。

　　破產的政府體制保證經濟肯定快速下滑，年輕世代沒

——換位思考

剩下多少選擇，這也是為什麼越來越多人支持社會主義派的政治主張，且支持者大多數是年輕選民。經濟衰退之所以能夠隱身在體制內，罪魁禍首可就是中央銀行。

　　即使有錢人一直很貪婪，但他們對貸款利率的扭曲和操縱已達上限，現在開始遭到群眾質疑，他們的貪婪導致 2008 年經濟海嘯，大眾也才突然理解到聯準會都隱匿了些什麼。儘管銀行家明知卻仍販賣不良投資標的，卻沒因此遭到定罪，國會最後還是決定幫他們紓困，而不是放任他們自生自滅，為了完成這項任務，聯準會只能大規模的印製鈔票，一切又回到了原點。十年後，讓體制崩壞的銀行家再度詐取金錢，他們已經有錢到麻木，卻犧牲了群眾的利益，不幸的是，對銀行家階級來說，他們即將全部的錢吐出來，這次，我預測政府不會為他們紓困。2020 年的選舉將會是針對貧富不均的公投，在我們意識到本書預測的大規模心態轉變之前，我們必須先深入了解資本主義在過去 40 年內如何改變，以及聯準會的一切作為如何導致「富人專屬的社會主義」，之後我們就會認知到，這些政策在未來是不可行的，超級循環有自己的週期，而新的循環正要展開。

約 28 個交易日之後 ————————

1. 我 2020 年 2 月 14 日交出的手稿裡，並沒有明確提出未來會有哪些改變，而是透過後記的方式交代最新消息。

2. COVID-19 已經變成新舊世代之間拉扯的公投，因為 COVID-19 對年長者來說特別容易致命，憤怒的千禧世代將其稱之為嬰兒潮世代殺手，這也變成了灰心喪氣的年輕人在社交平台的集體怒吼，說起來既不幸又麻木不仁。

   3 月 18 日，星期三，隨著股市拋售的速度增快，雙線資本（DoubleLine）執行長兼投資長傑佛瑞·岡拉克（Jeffrey Gundlach）推文表示，他收到消息，「有人願意賤價緊急拋售一些價值穩健的藝術品，雖然都不是全部都是一等一的作品」，岡拉克的推文突顯了流動性危機，也點出了有錢人能夠承擔的風險，以及槓桿遊戲裡的賭注多快會造成經濟體制的硬傷，當這些藝術品的資產價值在下一波經濟衰退期間急遽下滑，政府紓困的必要性就會增加。也許不是巧合，但 2020 年 3 月 16 日，賭場同業向國會要求全面性的紓困方案，在緊接而來的 2020 大選中，這些紓困金會被貼上「灑錢給有錢人」的標籤。

   ——換位思考

3. 雖然聯邦資金利率 2 月時是 1.5%，但從那時起到現在已經跌到 0%。

4. 雖然拋售者看到股市內的本益比下降，但本益比實際上是來到了收入的 28 倍，堪稱歷史新高。

——換位思考

3
再多幾塊錢

For a Few Dollars More *

* 電影中文片名為《黃昏雙鏢客》

　　根據美國國債鐘（usdebtclock.org），美國現在已負債 23.25 兆美元，並以每分鐘 200 萬美元的速度持續增加，換句話說，每小時增加 1.2 億美元；每天增加 29 億美元；每月增加 880 億美元。2019 年，美國財政赤字正式突破 1 兆美元，信不信由你，但這筆鉅額國債沒有**充分反映**美國經濟真正的問題，若計入**未提撥基金負債**，那麼如今美國國債總金額便會超過 122 億美元。

　　你可能會問什麼是「未提撥基金負債」？未提撥基金負債是政府「承諾會償還」的債務，通常以社會保險或健康保險的型式出現。法規要求財政部每年都要發行年度財務報表，這個規定行之有年，根據 2018 年美國財政部發行的財務報表，單單社會保險目前就有 53.8 兆美元的資金缺口，這個缺口從 2014 年的 41.9 兆美元擴大到現在的規模。過去五年內，社會保險資金的赤字成長超過 10 兆美元，當國債以每年 1 兆美元的速度增加，這些「承諾要清償」的債務也以兩倍的速度增加。

　　我們持續從未來借錢來還現在的債務，這個負擔已經因為央行的政策稍稍減輕，市場利率被調控至零，讓政府可以用更少的成本借到更多的錢，不幸的是，此舉並沒有鼓勵政府擔起財政責任，反而造成反效果。當市場利率降到零利率底線，政府可用近乎於零的成本借錢，

——再多幾塊錢

世界上其他負利率國家甚至付錢請美國政府借錢，面對此情形，我們應該要更理性、更保守地行動，沒想到我們卻反其道而行，我們揮霍的程度彷彿明天不會到來，或者擁有一個永不枯竭的收入來源。

2019 年，美國的稅務收入為 3.2 兆美元，但支出卻是 4.4 兆美元，財政赤字為 1.2 億美元。我們每年支出比稅收多了 30%，但這些百分比數字已經大到難以紀錄，甚至超乎想像了。1960 年代，參議員艾瑞特·德克森（Everett Dirksen，原文誤植為 Everett Dirkson）有句名言說道：「這也花 10 億，那也花 10 億，很快你就必須面對真錢了。」但他不知道的是，50 年後的問題大概糟糕了千百倍。

有人真的了解「1 兆美元」是什麼概念嗎？我們的腦袋很難理解這些數字，或許這樣想會有幫助，100 萬秒相當於 11 天；10 億秒相當於 32 年；1 兆秒相較於 3 萬 2000 年。人們說時間就是金錢，這麼多時間應該可以給你一點概念，大概了解我們永遠無法償還的錢究竟有多少，以及我們要花多少時間才能還清。

如果你正在閱讀本書並想著，「這聽起來像個古老的故事，我何必在乎？這顯然不是個問題，我們美國身處史上經濟最強盛的時期，失業率史上最低，股市史上最

高，貨幣近 25 年來最強大。」那你可能完全正確。然而，要將這些經濟鼎盛的高峰指標**等於**史上最強經濟，可能還需要下列幾個問題的答案佐證。

經濟最強盛的一年是你**借入**最多錢的一年嗎？一般來說，我們認為自己在經濟狀況**最慘**的一年裡，會需要靠借錢支撐；而經濟狀況最好的一年裡，我們賺的錢會遠比支出多上許多。我們經濟最好的一年裡，應該是有盈餘，而不是有赤字。

此外，若在現今經濟最強盛的時代，美國就已經必須面對每年 1.2 兆美元的財政赤字，那麼往後無可避免的走下坡時，還會有什麼事發生呢？如果經濟強盛時，我們編列的預算會產生超過 1 兆美元的赤字，那麼往後的經濟衰退期，我們是不是有可能看到 2 兆美元，甚至是 3 兆美元的財政赤字呢？

最後也最重要一點，**為什麼**現在算是「最強盛」的經濟？一定不是因為經濟迅速成長。過去 20 年間，美國國內生產毛額（GDP）成長率平均每年維持在略高於 2%，相較之下，1980 至 2000 年平均每年還有 4%，顯然根據 GDP 成長率，我們離經濟最強盛的時期還差得遠了，事實上，我們現在的經濟成長率，才勉強達到 20 年前的

——再多幾塊錢

一半。

　　所以這是怎麼回事？為什麼指數都是史上最高，但實體經濟卻不是史上最強？現實是經濟並沒有達到最強盛，世界經濟不是奠基在經濟成長上，而是完全奠基在債務上，也是因此讓各項數據失真，這是從下而上的問題。全世界現在都靠著借貸養尊處優，但我們的債務危機已經達到傳染病的規模，我們病得太重，乃至於認為疾病是正常的。我們不斷強調樹的高度，卻忽略根的深度。

　　這個債務疾病已經變成傳染病，而每個國家都效法美國的治療方式，使用和美國一樣的藥，我們美國剛好享受到最好的部分，因為我們控制了遊戲中的籌碼。這並不表示我們挺得住，只是因為我們是這場黑箱遊戲中的贏家，我們是屠宰場中最美麗的母馬。

　　身處於人類歷史上最大的債務泡沫中，卻持續欺騙自己一切都還好，我們的刻意忽視也保證未來情況只會更糟。過去 50 年間，美國預算赤字平均為 GDP 的 2.9%，美國國會預算局（Congressional Budget Office, CBO）預測，未來 30 年財政赤字會持續擴大，最後超過 GDP 的 6.5%。記得，美國國會預算局並沒有計入經濟衰退，表示我們可以確定實際上最後的結果被**低估**了。

美國國會預算局每年不斷調整這些數字，他們修正的數字則是越來越糟，今天預測的結果，到了明天一定會更糟。

　　我們不要忘記這個債務傳染病發生的時機點，是股市回到幾十年以來的高點。2019 年，道瓊指數上升27%，股價竄升的同時，企業的收入卻不見起色，換句話說，我們看到公營企業股價大規模擴張，但經濟上卻沒有實質成長。有些人看見經濟迅速成長，便宣稱經濟處於歷史高峰，但他們忽略一個事實，這些收獲皆來自於聯準會寬鬆的貨幣政策、創造越來越多的信用以及擴張資產負債表的結果。這是一個老鼠會般的龐氏騙局，這也是經濟泡沫的定義。

　　不幸的是，這個疾病的嚴重程度超出了美國的守備範圍，我們沒辦法單靠經濟成長就擺脫困境；我們沒辦法償還這些債務，至少沒辦法靠這些幾乎沒有價值的貨幣。美國的預算已經超過 20 年沒有盈餘了，過去 20 年間，財政充滿赤字，國債成長超過六倍，從 2000 年的 3.5 兆美元爬升至現今的 23 兆美元。同一時期，我們的 GDP只有成長一倍，我們國債成長的速度是經濟成長率的三倍，而且沒人試圖減緩這個歪斜的比率，連五歲小孩都知道這個比率很有問題。

──再多幾塊錢

　「史上最強盛經濟」這個概念讓許多人感到困惑，難道是相較於現今其他國家嗎？也許是。還是相較於五年前呢？或許吧。但光說現在經濟最強盛，就表示整個經濟體制肯定要破產了。越來越多人開始認清事實，事實怎麼被扭曲得如此嚴重？體制背後還有什麼問題，容許債務如此肆無忌憚地擴張？誰應該要為此負責？

　有個機關必須要承擔罵名，那就是聯準會。聯準會從創立之初就一直操縱著金錢價格，這是他們份內的工作，然而，過去 40 年間，他們只有將利率往單一方向拉——往下拉。投資人因此學到了寶貴的一課：別跟聯準會作對。投資人不再擔心資本主義的基本原則和背後結構，聯準會保證注入流動性資金讓整個市場走高時，為什麼還要拼命穩定公司的資產負債表呢？

　40 年來，聯準會持續將市場利率拉低，從 1980 年近 20% 的高點，拉到人類史上最低的利率。市場利率如今已經低到不能低，許多國家甚至還是負利率，聯準會持續的作為讓我們身處截然不同的世界和巨大資產泡沫，也連帶激起了世界各地的民粹主義活動。想了解一切發生的原因，就必須先了解金錢價格如何直接影響資金的流向，更重要的是要了解資金流的規模有多大。

約 28 個交易日之後

1. 根據美國國債鐘，美國國債於八週內從 23 兆美元上升至超過 25 兆美元。

2. 根據《富比士》，美國預算赤字於 2020 年即將突破 4 兆美元。

3. 預計超過 4 兆美元的年預算赤字，帶出了一個值得省思並不斷擴大的挑戰。我們 2019 年的稅收為 3.2 兆美元，若只要欠債就可以印錢的話，那為什麼還需要繳稅呢？事實上，稅賦制度的主要原則之一，就是讓國家能夠繼續負責地實行合理健全的貨幣政策，不是嗎？從何時開始，人們開始厭惡這些無法償還的債務呢？

4. 我們到底該如何還債呢？這是參加過兩次總統初選的美國參議員伯尼・桑德斯（Bernie Sanders）提出減免學貸時最常被問的問題，但卻沒有人拿這個問題去問現今的國會，「我們到底該如何還債呢？」如果政府能憑空變出 4 兆美元，並試著防止經濟下滑，那麼全國總計 1.6 兆美元的學貸又有什麼好爭論的呢？如果總體目標是為了要「刺激」經濟（見紓困方案 1、2、3 的條文，以及即將提案、金額超過 2 兆美元的「基礎建設」上的用字），為什麼學貸不能成為右派的提

——再多幾塊錢

案呢？讓史上消費力最強的世代握有能夠消費的新資本，不要讓他們整天還債，如此一來，不是更能夠刺激經濟嗎？而「我們該如何還債？」這個問題便不再相關。若川普尋求連任的造勢活動打出這個口號，你也不要太驚訝，請記住，平時看來「瘋狂」的事，危急時可能會變成「必要」。

5. 根據外匯街（fxstreet.com），美國預算赤字將於 2020 年達到 GDP 的 19％，這是全球共業，全球八週內投入刺激經濟的金額達到 GDP 總額的 20％。

——再多幾塊錢

4
敲竹槓和錢流

Hustle and Flow*

* 電影中文片名為《饒舌歌王》

　　假設貨幣有意志，知道自己的目標，為了最大化成長，必須往最好的地方去。市場利率上漲時，貨幣會從金融資產中流出，流入固定配息的投資標的與有形資產，市場利率上漲表示經濟成長，也是鼓勵民眾把貨幣去槓桿化，在成本變得過大之前趕快還債；市場利率下降時則反之，與其選擇存錢，不如趁低利率借錢。這一來一往會發生在健全的經濟環境下，在健全的經濟環境中，利率漲跌不斷循環，稱為**景氣循環**。

　　遭逢經濟危機時，央行會降低貨幣價格以刺激經濟，市場利率降低能夠增加借貸，民眾也能用較低的利率再融資。過去，央行成功的操縱產生足夠的流通資金，讓金融體系能往更高程度發展，但這只有在借貸需求增多的情況下才會奏效。若市場充斥著不確定性，即便是無息借貸，投資人也會三思。

　　歷史上每當碰上經濟衰退，聯準會便會馬上降息 20 **碼（500 個基點）。**

　　「2008 年金融海嘯」規模之大，讓降息 5% 這個標準動作已經不足以產生效果，低利率對於衰退的經濟刺激效果有限，一切都要等到聯準會開始**量化寬鬆**（QE），印製上兆美元的鈔票，事情才有了**轉機**，想要了解現今問題究竟有多嚴重，就必須先弄清楚了這些新錢的流向。

——敲竹槓和錢流

這些新錢都流向了收入金字塔頂端，聯準會操控了金融體系，這個體制已經扭曲變形，金字塔頂端佔據了所有好處，但犧牲的卻是其他沒有獲得利益的普通人。

說到這裡，有必要了解一下量化寬鬆的含意及運作方式。當聯準會「收購債券」，將現金存入銀行體系，接著銀行就能開始放貸，聯準會購買債券的行為增加了貨幣供給，也增加了整體的信用供給，量化寬鬆每增加一美元，體系就會增加 10 倍的信用額度。然而，當聯準會「賣出債券」，情況則恰恰相反，貨幣供給緊縮，利息上升。

無法理解嗎？本該如此。理性的人會問道，「聯準會哪來的錢收購債券？」當然，這是一個很好的問題，但答案卻很難盡如人意，因為答案是，**錢是聯準會憑空創造而來的**。你可能會對自己說，好，沒關係，但這些創造出來的錢都去哪了？這些錢都流向華爾街了。

你說，好，那銀行拿這些錢做什麼？他們當然拿去放貸，因為這就是銀行的工作，但他們不是把錢借給你我，華爾街銀行幾乎將所有量化寬鬆而來的免費鈔票都借給了大企業，這些錢並沒有流向每年只賺 5 萬美元的普通美國人。事實上，任何在過去十年內嘗試借貸的人，都必須擁有比欲貸金額更多的資產，因為只有信用風險

評級最高的人，才能有機會使用這筆「免費的錢」。如果你是學生或凡夫俗子，沒有完美的信用評級，你的貸款就不會是免費的，這些普通的借款人會被要求支付更高的利息，只有有錢人和大企業能夠使用這些「免費的錢」。與其將免費的錢用來刺激經濟，或發給會在實體經濟裡消費的人，銀行寧可將錢借給只懂利己的企業財團。

然而，問題越演越烈，當市場利率如此低，銀行就需要願意負擔高利率的借款人，他們發現他們的目標客群是投機級公司貸款戶。根據《富比士》雜誌的評估，整個企業債券市場總價為 15.5 兆美元，其中約有三分之一，也就是約 5 兆美元，被借給**低於**投資信用評級的公司。如果一間高風險公司想要借錢，可以去公司債市場裡借錢，銀行家把錢借給信用評等較低的公司，可以獲得更高的利息，這些投機級公司借了錢，他們的債券就被稱為**垃圾債券**。

聯準會挹注融通資金到銀行體系後，更多銀行有多餘的現金等著放貸，他們成天追著垃圾債券市場跑，高風險的投機級貸款者此時佔了上風，因為越來越多銀行想要和他們做生意，垃圾債券利息因此下降，契約放款人的需求也下降，結果信用極低的公司成功借到上兆美元，

——敲竹槓和錢流

負擔的利息甚至比一名財務自主的大學畢業生來得低，而放款給這些公司的投資人卻只能獲得金融史上最少的保護。

BBB 級債券被稱為垃圾債券，因為這類債券有較高的違約風險，歷史上垃圾債券的利率平均為 12%，這麼高的利率其來有自，因為放款人多半會要求更高的利息，以彌補借款給這些投機級公司所承擔的高風險，因為被操控的體制和被扭曲的誘因，銀行放寬了借貸標準，並且願意承擔史無前例的高風險。根據雙線資本執行長岡拉克表示，45% 的公司債券應該被評為 BBB，甚至是垃圾債券。岡拉克補充道，投機級公司債券市場的規模之大，是次級房貸市場泡沫化之前的五倍大。投資人最好要注意到這個類比之間的細節，發生在次級房貸借款人的事，會完整重現於公司債券市場裡。貪婪的銀行家開發劣質貸款讓一般人借貸，苗頭不對時付出代價都是這些普通的借貸人，我們正在回到未來的路上。

為什麼銀行家要將我們「全押」在這個頭獎上呢？一切都跟誘因有關。銀行家放出越多貸款，他們就能收取越多手續費，聯準會將利率降到零時，銀行便開始追著願意支付更多利息的投機級公司貸款戶跑，等到越來越多銀行加入戰場，戰局就漸漸傾向對放款人有利，因為

市場裡有過多等待被借的錢，卻沒有足夠的高評等借款人來借。

　　這個現實造成兩種結果，第一，銀行放寬借貸標準，同時為了與他行競爭而降低利率，時至今日，雖然考慮到投機級公司貸款可能帶來的信用風險，但其平均利率並不是大家所想的 12%，現今的公司債券市場平均利率低於 4%，更糟的是，這些貸款都是**低門檻**貸款，也就是條款較為寬鬆的貸款，這些貸款之於企業市場，如同「聲稱收入」貸款之於快速成長的房市。

　　你可能會說，好，這些我都懂，但企業借了免費的錢以後，難道不是用來聘僱新員工、為員工加薪，甚至是投資基礎建設，進而推動實體經濟嗎？答案是否定的。他們並沒有這麼做，雖然那是他們應該做的，那是過去聯準會降低利息，而且經濟還沒破產時，借款的公司會採取的作法，很可惜，現在這樣的光景已經不復存在。過去十年間，華爾街並沒有用這些錢投資，反之，聯準會讓公營企業能夠借到上兆美元的免費鈔票，而企業用這些錢來做一件截然不同的事──回購自己公司的股票。

　　為了更了解發生了什麼事，我們必須假裝自己是某間公司的執行長，能夠輕鬆無息借貸，我們收到零利率的

──敲竹槓和錢流

貸款，但問題來了，我們要拿這些錢去做什麼？我們有幾個選項，我們可以**投資**，讓公司成長；我們可以聘僱新員工、拓展行銷力度、興建新廠房以及擴展公司業務，這個選項的問題是，需求並沒有那麼多，而且固定購買我們公司產品的人財務狀況也不一定好，所以可能沒辦法買更多的產品。在這種情況下，若想透過**投資**讓公司成長，將會是一個十分冒險的提案，這些借來的鈔票很可能會浪費在投資公司上，身為執行長，我們覺得即使資本是免費的，這也不是最好的使用方式。

我們還有第二個選項，而且這個選項更吸引人。我們可以免費借貸，**與其冒險**將錢投資在公司上，企圖讓公司成長，我們可以把這些借來的錢用在其他地方，我們可以回購自己公司的股票，事實證明，這是個不錯的選擇。你要記得，我們高階主管（執行長、財務長等）的工作就是要讓股價上漲，回購股票恰好可以給股東們一個完美的交代。

回購股票的優點很容易理解，假設公司有 100 萬張流通股票，每張值 50 美元，表示本公司市值為 5000 萬美元；現在，如果我們回購公司股票，就會減少流通股票的數量，以此例而言，如果我們用免費借來的錢買回

一半的股票，這樣就完成了令人難以置信的偉大功業，而且我們還完全沒出到任何一點力。回購股票後，公司市面上只剩下 50 萬張流通股票，但公司的市值依然是 5000 萬美元，神奇的事發生了，每張股票就這樣從 50 美元升值到 100 美元，這是一個三贏的局面。身為執行長，**我們沒做什麼事**，公司就自動升值了，我們還讓股東變得更有錢，他們**根本**愛死我們了，與此同時，我們也讓自己變得更有錢，因為我們的分紅和獎金都是隨著股價波動。事實上，身為企業高層，我們擁有許多公司股票，所以不管對股東或對我們自己而言，免費借錢回購股票是最棒的選擇。讓股東賺錢的同時，我們也能多賺個幾百萬美元，股東都很高興，也沒人受到傷害，至少，我們是這樣告訴自己的。

過去十年間，企業回購已佔股票市場收益的 50% 以上，這個附加在聯準會量化寬鬆政策之下的優質新產品，只刺激了一件事，那就是投資階級手中的紙面資產。股票指數也因此創下歷史新高，而這個新高點是奠基於債務之上，而非經濟成長，聯準會促成了股市的飆升，但同時國債也高到突破天際。

身為執行長，我們了解這一切，但這不是我們的問題，如果人們陷於這些債務之中，我們也無可奈何，畢

——敲竹槓和錢流

竟身為執行長，我們必須對股東負責，對吧？即使我們
是品格高尚的執行長，也了解過程中的風險和負面影響，
但我們終究無能為力，因為我們還有競爭者。只要我們
還在這場比賽中，而且敵方的股價持續走高，那麼他們
就比我們更有競爭優勢，單憑這個原因，即使我們不喜
歡現實狀況，但身為執行長，讓股東獲得最大收益是我
們的**責任**，對吧？

　　這些藉口好像哪裡聽過？這就是那些昧著良心放行垃
圾貸款的銀行，在房市危機時使用的藉口，房市最中還
是難逃泡沫化的命運，甚至還要全國納稅人幫忙紓困。
銀行和公司的執行長都知道這一切風險有多高，但他們
總是合理化自己可能摧毀經濟的行為，辯稱他們別無選
擇。當一切再次泡沫化，身為執行長的我們完全不受影
響，因為我們已經從體制的漏洞獲得上千萬美元的個人
收入，而這些都是我們幫股東賺錢的「報酬」。聯準會
開闢了一個新天地，他們的政策改變了投資人的思維以
及資本的流向。

約 28 個交易日之後 ————————————

1. 隨著 COVID-19 危機爆發，聯準會大量挹注融通性資金，此舉可謂極端的措施，必定會在未來招致批評。短短幾週內，美國頒布了一系列複雜、沒人懂的財政和貨幣政策，國會幾乎一致通過財政刺激方案，再度出手解救華爾街，聯準會也只是順水推舟罷了。這次，不只不動產抵押證券，還有公司債券，而且不只是有良好信用的公司，還有過去十年間，靠著零利率政策活下來的僵屍公司所發行的垃圾債券。情況比聽起來還糟糕，因為聯準會不只直接購買標的債券，還購買了包含垃圾債券的指數股票型基金。SPDR 彭博巴克萊高收益債 ETF (JNK) 是一隻追蹤投機級公司貸款的指數型基金，從上市以來已經上漲了 20%，任何對抗這支基金的人就是對抗美國，這支基金把「別跟聯準會作對」的投資鐵律發揮得淋漓盡致，誰還在乎裡面包含的公司大多數都破產了呢？聯準會都買進了，我們當然要跟進！現在唯一沒有官方支持的資產只剩股票，而且股票回購熱潮已經結束，我們很快也會看到聯準會買進股票，如果你因此感到興奮的話，你可能會想看看計畫經濟在日本過去 30 年內施行得多好。當聯準會與他國央行「買進任何東西」，真正

——敲竹槓和錢流

的供需就無法反映出來，紙面資產的真正價值未來將無從判定，政府只剩一件事可做，那就是印更多錢，當他們積極印錢，資產價格就會上揚。可悲的是，大多數人不會意識到他們即將輸到脫褲，因為他們的注意力都放在樹的高度，而不是根的深度。

2. 航空業名列聯準會政策最大受益者，從 2009 年至 2019 年，各大航空公司的股價平均至少上漲八倍，這波航空業大漲需要注意的地方是，產業裡大部分的免費現金都用來回購股票，根據《彭博社》報導，美國最大的航空公司將 96％的免費現金用在回購計畫上。2019 年，各大航空公司的執行長平均分紅為 1200 萬美元，現在航空業面臨不景氣，國會甚至還為他們通過 500 億美元的紓困方案。社會不平等的聲音將成為國家分裂的指標，也肯定會成為 2020 年大選的焦點。

3. 巴菲特曾公開拒絕回購自己公司的股票，因為股票的帳面價值太高，如果有更多執行長跟隨巴菲特的腳步，他們手上就會有足夠的現金熬過景氣寒冬。過去兩年內，巴菲特因拒絕回購旗下控股公司的股票而招致許多批評，股價甚至因此下跌，但往好處想，巴菲特現在坐擁超過 1250 億美元的現金，有足夠的「乾粉」撐過下一波景氣寒冬。

4. 現在，長達十年的回購熱潮已經結束，國會也禁止紓困企業於還清貸款後一年內回購庫藏股，此趨勢將成為 2020 年代看空的原因，回購庫藏股本是執行長提升金融資產價值最主要的工具，如今國會奪走了這項工具，將會讓提高股價這項工作在未來幾年內變得難上加難。

——敲竹槓和錢流

5
威鯨闖天關

Free Willy

　　免費的錢改變了所有人投資的方式，投資人曾認為擁有股票和債券的均衡投資組合是合理的，股票用股利收益為投資組合提供報酬率成長，債券則提供多角化、安全有保障的收入來源。自從聯準會發明量化寬鬆以來，投資人的觀念已經徹底改變，「沒有什麼能帶來相當多的紅利，因此一切都跟投資報酬率的成長有關」，甚至包括一些看起來極度安全的投資標的，就連小額投資人的投資策略也是投資會回購庫藏股的公司，搭上這一波免費鈔票的熱潮。

　　聯準會扭曲的策略改變了基本面，就連最安全資產類別也不例外，身為投資人，想要贏得遊戲的唯一途徑就是參與其中，如果你打不過他們，就加入他們。

　　當所有人都在玩股票回購的遊戲，投資就已不再關於資本主義和建立最好的公司，資本主義變成取得免費鈔票的途徑，所以投資人唯一要做的事變成買遍每一間公司的股票，現在的體制保證每個人都能贏，指數化投資蔚為風潮，事實上，投資眼光越好的投資人受到越多懲罰，願意承擔風險的投資人受到更大的誘因，所以願意承擔更多風險，贏得遊戲的唯一途徑是加入這個瘋狂的遊戲並且購買，誰在乎這一切是否安全呢？

　　公債一直被視為是最安全的資產類別，如果借貸給

——威鯨闖天關

美國政府 10 年，能夠獲得 1.5% 的利息，你會心動嗎？
如果你心動了，**可能不是**因為 1.5% 的利息很吸引人。
以 1.5% 複利來看，你的本金需要 48 年才會翻倍，那麼
借貸 30 年換取 2% 的利息呢？這樣有讓你更心動嗎？以
2% 複利來看，你的本金只需要 30 年就會翻倍，不錯吧？

　　但你記得以前政府公債的平均利率是 7% 嗎？ 7% 的
利率讓投資人的本金每 10 年就會翻倍一次，投資人如果
願意等待 20 年的投資期，就能期待透過複利在這段時間
內讓本金**翻三倍**，以 1.5% 複利來看，投資人會需要等超
過 100 年，才能獲得本金 4 倍的收益。哇！

　　相較之下，黃金的價值在過去 90 年間上漲了 77 倍，
如果同樣要花 90 年，你會選擇回收四倍還是 78 倍的本
金呢？答案很明顯，只是大家不知道為什麼不將每一分
錢都投資在黃金上，債券投資人如今冒著更大的風險，
卻只是為了少得可憐的收益。聯準會讓每個投資人都成
了賭徒，**機會在過去**是留給願意長期投資的人，願意放
棄短暫歡愉的儲戶，可以獲得**金錢的時間價值**，他們借
得越久，風險越低，利息也就越高，但聯準會現在已經
去除了此誘因。

　　投資人現在買公債，比較在意超前聯準會部署，只要

聯準會被迫購買更多債券，利息就會走低，債券的價值就會隨之上升，投資人就是看準了這個連鎖反應。對持有債券的投資人而言，他們讓報酬率成長的策略就是，「未來只要有壞事發生，利率就會被迫壓低，如此一來，債券就更有價值。」因此，公債持有人才不會為了這一點點回報而持有公債。如今的債券持有人就像在買火災險，他們希望房房屋燒毀，至少公債很安全，對吧？公債的好名聲在投資界已是老掉牙的話題了，甚至不符合現況，你真的覺得，借錢給鐵定不會還錢的人是明智的決定嗎？這就是你買公債時做的事，你正在借錢給一個破產的政府，如今，你借錢給政府，只能獲得一個保證，這個保證很簡單，美國政府只能用價格被稀釋過的錢還債，若有人告訴你事實並非如此，他要不就是說謊，不然就是完全不了解未來的風險。

政府在景氣高峰就已經欠下 1 兆美元的債務，這個數字在 2020 年快速增長，川普政府預算的債務赤字，最新提案比第一次提案多了一倍，在這樣的情況下，投資人若想借破產的政府更多錢，需承擔的風險也會隨之增加，他們因而會要求更高的報酬，促使利率飆升，這個時間點什麼時候會到來呢？這個時間點會來得比你想的還要快，聯準會已經打壞了經濟體制，儲戶現在反而受到懲

——威鯨闖天關

罰，公司的股價不再能夠反映公司表現，過去上漲的投資標的，現在卻下跌了，反之亦然。現在市場利率低到谷底，投資人必須重新思考所有事情，聯準會的政策行動導致了巨大的扭曲，並樹立了新的典範。從歷史上來看，只要聯準會降息，就會推動經濟活動，過去十年間的借款都流入金融資產，導致史上最嚴重的債券泡沫，程度甚至比股市泡沫還嚴重，在這個市場過熱的時間點，聯準會這些動作逼迫投資人進場投資金融資產。

2001 年，巴菲特接受專訪，提到了很有名的「巴菲特指標」，也就是市場總價和國內生產毛額的比率。他解釋道，這是他用來檢驗市場的頭號標準，讓他得以判定市場是否過熱，這套標準比較市場裡的現金，以及整個國家的國內生產毛額。巴菲特說道，若指數比率小於 75％，表示市場總價遭嚴重低估，但若比率超過 115％，他相信此時的市場遭嚴重高估，因此，對於長期投資者來說，不是一個很好的投資時機。有趣的是，巴菲特指標在歷史上只有三次超過 115％，1929 年，比率達到 141％；2000 年，比率達到 151％；如今，比率達到 156％。根據巴菲特指標，現在的市場正值史上最過熱的時刻。

　　第二套有名的股市熱度衡量標準，由耶魯大學經濟學家羅伯‧席勒（Robert Shiller）提出的「席勒本益比」（Shiller P/E ratio），又稱為「週期性調整本益比」（Cyclically Adjusted Price-Earnings Ratio，簡稱CAPE），用來評估企業經通膨調整後的 10 年獲利，不同於其他華爾街用來展望未來、誇大不實的本益比，席勒本益比反映了過去十年來的真實數據。席勒追溯至 1880 年代的本益比，他發現歷史上的平均席勒本益比為 17，換句話說，股價指數是實際收入的 17 倍，當這個數字突破 30 大關，我們就即將迎來史上最嚴重的股市崩盤。2000 年，網路泡沫破滅前，席勒本益比達到 41；1929 年，經濟大蕭條之前，席勒本益比達到 31；如今，席勒本益比已達到 32。

　　股市和債券泡沫達到史無前例的頂峰，這不是我的個人見解，而是根據最穩定的長期指標，大規模的債務讓整個局勢傾向投資階級，過去十年內有幸持有金融資產的投資人，可以預期鉅額收益，但其他人就沒這麼幸運了。投資階級一直大量借貸、購買金融資產，他們犧牲了其他人的權益來贏得遊戲。

　　川普總統可以宣稱：「現在是美國經濟最好的時刻」，因為股市達到史上最高點，但他和其他人一樣都知道事

──威鯨闖天關

實的真相,雖然他可能有權爭辯道,現在的經濟狀況看起來比他上任前還要好,但他 2016 年總統辯論席間的一番話仍是正確的。他當時說道:「只有股市看起來有前景,即使利率走高一點點,也很快就會往下掉,我們現在正身處一個巨大且險惡的泡沫之中。」

但泡沫有什麼不好呢?好消息是泡沫在破掉之前看起來好極了,如果你很享受的話,那恭喜你,但你要確定自己可以在想要的時候脫手。正如同雲霄飛車下墜速度極快,出場的痛苦遠比你想像的多,如果你只是因為卡在列車上不知何處去,請試著了解還有其他更具吸引力的選擇。

你是喜歡擁有高風險資產,投資固定收益卻沒什麼利息的標的嗎?還是你沒有其他選擇呢?有人說這是史上最不受歡迎的股市奇蹟,投資人並不渴望燙手山芋般的市場,他們不是對零報酬、風險高的固定投資心動,只是已經走投無路了,光這個事實就足以告訴我們結局已近,我們和自己不喜歡的東西,困在一段不想要的關係裡,不幸的是,分手的話場面會變得很難看。

約 28 個交易日之後 ————————————————

1. 截至 2020 年 5 月 10 日，市場總值對 GDP 的比率達到 134%，儘管這個數字低於 2020 年 2 月的高點 156%，但仍代表著市場遭「嚴重」高估，這也可能解釋了巴菲特為何堅守現金。

2. 市場的席勒本益比落在 27，而歷史上各時期平均為 17。

3. 垃圾債券 SPDR 彭博巴克萊高收益債 ETF (JNK) 極速增長，證明了投資人的主要策略是「搶先」聯準會，有趣的是，截至筆者撰稿的 2020 年 5 月 7 日，聯準會尚未開始購買 JNK。嘉信理財集團（Charles Schwab）的分析師凱西·瓊斯（Kathy Jones）適時指出了這點：「根據聯準會的公告，價差已經夠大了，所以他們不必再買任何東西。」這是最好的前瞻指引，別擔心，聯準會不會讓人失望，購買行動必將始於五月下旬。

——威鯨闖天關

6
為人父母

*Parenthood**

* 電影中文片名為《溫馨家族》

朋友家裡有一名聰明可愛的三歲男孩，在很多方面都很出色，但他最近養成了一個習慣，他開始沉迷 iPad。

iPad 一開始只是爸媽用來哄他的工具，在特定時刻分散他的注意力，但現在男孩卻身陷其中，任何人想要拿走男孩手中的 iPad，便會掀起一場風暴，歇斯底里揮舞手腳，淚流成河，放聲大哭。

我的朋友正面臨所有家長永遠必須面對的困境，要不選擇短時間忍受孩子的情緒爆發，不然就得打破他的壞習慣，讓孩子繼續拿著他唯一在乎的東西，不論哪個選擇都有其後果。如果讓孩子繼續沉迷 iPad，每個人都能得到短暫的快樂，因為哭聲會停止，生活才會恢復和諧與平靜，孩子開心，家長和其他人才能得到安寧。然而，這個選項恐怕會逐漸帶來更多痛苦，而且日後也會漸漸失去其他好的選項，孩子越沉迷 iPad，父親就越難從他緊握的手中拿走 iPad，孩子將來就越有可能出現發展障礙。

不管孩子同意與否，家長就是要為了孩子長期的身心健康著想，當然，這種情況下父親越縱容孩子，孩子就會得到越多籌碼，最後就會知道家長的極限在哪裡。若父親日後繼續放任這個壞習慣，情況就會越來越艱難，孩子甚至會騎到父親頭上掌控全局，男孩和父親都深諳

——為人父母

此理，這也是為什麼堅持和紀律如此重要。

這個小故事非常適合用來類比聯準會和股市之間的關係，聯準會是家長，市場是孩子，iPad 是寬鬆貨幣，市場愛死了寬鬆貨幣，甚至沉迷於聯準會的低利率政策，只要聯準會嘗試移除這個刺激，市場就會揮舞手腳，像孩子一樣耍脾氣，大肆製造混亂和搞破壞。

2013 年，我們就親眼見證了此情形，當時貝南克表明免費金錢派對即將結束，股市和債券市場出現有名的「緊縮恐慌」，紙面資產價值下跌。很快地，貝南克叔叔屈服了，並且給了市場想要的東西——更多免費的錢，聯準會的資產負債表此時已達 2.75 兆美元。市場繼續無情地爆發，直到貝南克宣布第三輪量化寬鬆（QE3）將近，更多的鈔票被印出來後才停止，資產負債表在往後幾年會衝到接近 4.5 兆美元，貝叔叔不僅讓孩子繼續拿著 iPad，甚至還讓使用時間加倍，當然，這個孩子氣的市場愛死了，紙面資產價格上升，上癮的情形就越來越嚴重。

教養的責任很快落到了聯準會主席珍妮特・葉倫（Janet Yellen）手上，她是一位仁慈的家長，非常愛好平和、融洽的氣氛，總是滿足市場的所有要求，想要完全寵壞她的小孩，她不僅沒有把 iPad 拿走，也從來

沒有威脅過孩子要拿走 iPad。結果市場持續在幸福中前進，葉倫是孩子最喜歡的那種放牛吃草派家長，葉倫擔任聯準會主席的四年間，只調升了幾次利率，而且大多是在川普選上總統之後。

繼任的聯準會主席是鮑爾，剛開始，雖然他看起來屬於不同教養流派，但他被川普選任為聯準會主席後，不僅成功偷偷調升利息三次，甚至還成功將資產負債表的債務從 4.4 兆美元降至 3.6 兆美元，但這一切只證明了川普的減稅政策有效，卻無法證明鮑爾嚴厲管教有功。川普當選總統之於市場的影響，如同孩子意外獲得一趟要迪士尼樂園之旅，目的就是為了轉移注意力，市場帶著滿懷欣喜跑走後，在川普走馬上任的前兩年上升了50%，市場起初並不擔心較高的利率，因為它沒發現使用 iPad 的時間減少了。鮑爾看似帶來了全新的嚴格教養法，承諾再升息並開啟「全自動」緊縮模式，他宣稱自己是新教官，並且會堅持自己的新原則，但股市在 2018年第四季面臨崩潰，短短幾週內狂瀉了近 20%。鮑爾瞬間屈服於市場的崩潰，甚至比前任主席葉倫還快。

鮑爾爸爸立即「暫停」緊縮，在川普總統日以繼夜的糾纏攻勢下，他應該很快就會開始降息了。利息三連降以後，鮑爾透過聯準會的新發明**附賣回操作**，額外挹注

——為人父母

5000 億美元融通性資金，雖然鮑爾聲稱這「不是量化寬鬆」，也不是用更多 iPad 時間來賄賂小孩，但完全就是如此。資產負債表從 3.6 兆美元回升至超過四兆美元，現在市場掌握了聯準會的一舉一動，聯準會再也無法拿走孩子手上的 iPad 了。

俗話說：一張圖片勝過千言萬語，圖 6.1 上有兩條趨勢線，深色線條表示聯準會資產負債表的走向，值得注意的是，資產負債表在過去 11 年間增加超過三倍；淺色線條為股市的走向，值得注意的是，股市的漲跌完全符合這條線。從 2008 年到現在，聯準會將資產負債表擴張了 4.4 倍，從 9250 億美元上升至 4.1 兆美元，同一時期，道瓊指數上升了 4.4 倍，從 6700 點上升至現今的歷史新高 2 萬 9500 點。

假如你還抱有懷疑，還有第二張圖作為證據。請注意圖 6.2 裡的趨勢線，2018 年，聯準會資產負債表的規模減少了 19%，從 4.4 兆美元降至 3.6 兆美元，股市也剛好下跌了 19%。人們剛發現這個巧合時，大家都十分震驚！眾人沒想到的是，股市的漲跌與聯準會資產負債表的關係竟如此密切。

喜劇圈裡有個說法叫做黃金三定律，前面兩點為鋪陳，第三點才是真正的笑點，不幸的是，這不是一件好

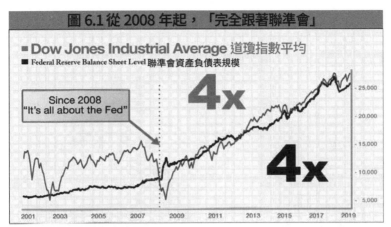

Source: St. Louis Federal Reserve

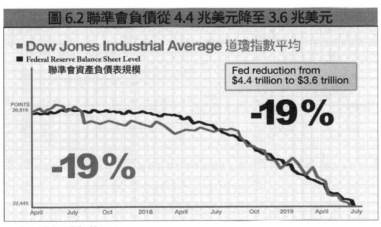

Source: St. Louis Federal Reserve

笑的事。下頁圖 6.3 為聯準會資產負債表從 2019 年 9 月
至 2020 年 2 月的走向，請注意資產購買量的飆升，資
產負債表從 3.6 兆美元增加至 4 兆美元，漲幅為 11%，

——為人父母

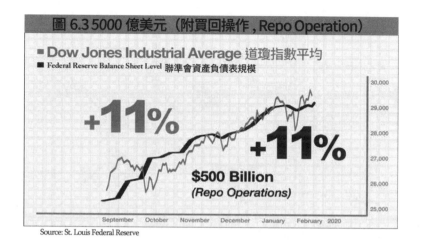

圖 6.3 5000 億美元（附買回操作，Repo Operation）

Source: St. Louis Federal Reserve

那你知道同時期股市的漲幅為多少嗎？等等……沒錯，就是 11%！

　　事情開始說得通了嗎？現在你知道為什麼川普一直攻擊聯準會的寬鬆貨幣和低利率政策了吧？一旦資產負債表增加，股市就上漲，這個連帶效應免不了幾種結果。首先，聯準會若想減少資產負債表規模，就無法繼續支撐股市；第二，川普知道所有的因果關係，萬一聯準會持續擴張資產負債表、印製鈔票，川普將會打開地獄的大門；第三，也是最令人沮喪的一點，聯準會已經失去權威了，孩子已經反過來控制大人了。

　　但為什麼這很重要？若市場希望利率低一點，為什麼不持續滿足市場的需求呢？大家都樂見股市上漲，不是

嗎？問題出在哪裡呢？事實上，川普或許是對的，為什麼不讓利率低到負數，讓灑錢派對繼續進行呢？

　　原因如下：聯準會調降利率5%的方式，幫助美國擺脫經濟衰退，而且我們都知道經濟衰退一定會捲土重來，一旦下一波經濟衰退來臨，聯準會將無法再使用他們的主要工具。葉倫的解釋很簡單：

> 在典型的景氣低谷期，聯準會為了應付經濟衰退會降息20碼（相當於5個百分點或500個基點）。2008年，聯準會竭盡所能創造需求，甚至將利率降至0%，但需求量還是不夠，所以量化寬鬆成了進一步降息的方式。如果經濟景氣嚴重低迷，（假設目前是3%）只有300個基點，我們必須在達到所謂「零利率下限」之前調降短期利率，但這並不是以前解決景氣低迷的作法。那就變成根本問題了，如果可能的話，聯準會正在認真考慮，公開讓大眾檢視他們的策略和工具，同時也想想自己能夠怎樣面對這個問題，這不是一個簡單的問題。

　　對於那些無法理解「聯準會行話」的人來說，葉倫回應內容的意思是，除了印製爆炸多的新鈔以外，我們不

──為人父母

知道還能用什麼方法擺脫下一次的經濟衰退。2020 年 2 月，鮑爾在國會聽證會上承認，下一次景氣低谷期來臨時，聯準會將訴諸上次經濟衰退所使用的工具，把利率降至零，並採取更多量化寬鬆措施。

這意味著遊戲結束了，聯準會已然失控，**讓遊戲繼續下去的唯一方法是印更多鈔票**，這個方法讓遊戲死灰復燃。2018 年 12 月，鮑爾態度轉變當天，我開始將手上的每一分錢轉投資實體黃金，從那時起，黃金價格已上升了 30%，別擔心，這只是剛開始而已，黃金價格正準備起飛，因為聯準會從今往後只能繼續印更多鈔票，也就是說貨幣會走弱，黃金價格會更高。

聯準會已經舉白旗投降了，「鮑爾轉捩點」與緊接而來的量化寬鬆已清楚顯示，「規範化貨幣」只是夢想，市場已將聯準會弄得無法正常運作了，聯準會若想緊縮貨幣，勢必就會引發金融危機。孩子現在已經失控了，從此刻起，任何經濟緊縮的政策都將會招致更大的經濟崩盤，這名不服從的孩子已然長成糟糕的大人。

歷史上聯準會基金利率平均為 7%，如今卻低到只剩 1.5%，反映了全球經濟的巨大風險，但這件事卻很少人發覺，甚至更少人討論。雖然川普很愛低利率，因為低利率會把資產價格推高，但低利率讓聯準會沒有空間能

夠抵銷經濟衰退帶來的影響，這將導致意想不到的風險。

面對經濟衰退期，聯準會一向都是調降利率5%，1981年，美國面對經濟衰退，聯準會將利息從18%調降到13%，我們成功走出經濟衰退；1991年，美國再度面臨經濟衰退，聯準會將利息從9%調降到4%，我們再次挺過經濟衰退；2000年，美國三度面臨經濟衰退，聯準會將利息從6%調降到1%，我們又撐過了經濟衰退，但此舉卻造成了房市泡沫。2008年，經濟衰退再次來襲，聯準會將利息從5%調降到0%。（見圖6.4）

但眾所周知的是，2008年，調降利率5%並沒有帶我們走出經濟衰退，聯準會還需要多印3.7兆美元的新鈔，創造出約30兆美元的債務。如今，面對下一波景氣

圖 6.4 聯準會資金利率調控

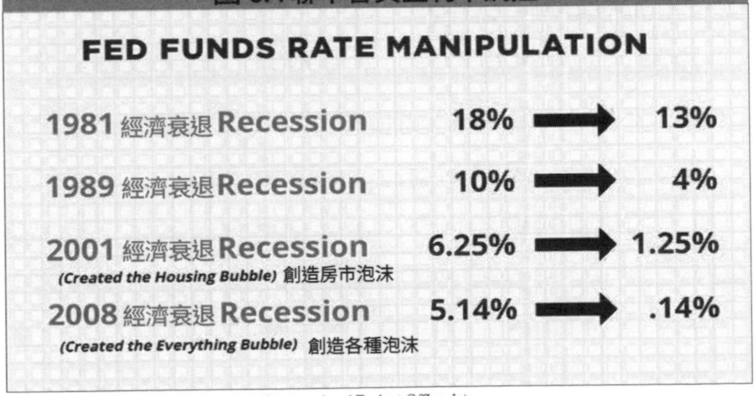

FED FUNDS RATE MANIPULATION

1981 經濟衰退 Recession	**18%**	➡	**13%**
1989 經濟衰退 Recession	**10%**	➡	**4%**
2001 經濟衰退 Recession *(Created the Housing Bubble)* 創造房市泡沫	**6.25%**	➡	**1.25%**
2008 經濟衰退 Recession *(Created the Everything Bubble)* 創造各種泡沫	**5.14%**	➡	**.14%**

Source: CRFB calculation based on Congressional Budget Office data.

——為人父母

低谷，我們已無法再調降利率 5%，我們會需要再印**遠超過** 3.7 兆美元的鈔票才能止血。如果經濟衰退是十字螺絲，聯準會已經把唯一可用的螺絲起子用壞了，除了用鐵鎚把螺絲敲進去以外，聯準會已經無計可施了。

　　犧牲經濟讓有錢人更有錢，這是聯準會從 100 多年前成立之初就一直在玩的遊戲，但過去 40 年間，聯準會已經放棄了任何財政紀律的偽裝。你會發現的第一個跡象是，過去 40 年間，每當聯準會降息以抵銷經濟衰退影響，都是從較低的數字開始：1981 年的 18%，1991 年的 9%，2000 年的 6%。2008 年已經來到 5%（這也是為什麼聯準會需要印將近四兆美元的新鈔）。貨幣價格穩定下降將近 40 年，聯準會過去全盤控制的經濟繁榮假象撐了 40 年，這對投資階級來說，一直都是絕佳的恩惠，但真正的暗潮才正要逼近。

　　聯準會現在不論怎麼做都阻擋不了這波浪潮。上一次，聯準會只能在市場崩盤前調降利率至 2.3%，他們現在已無法在調升利息的同時繼續支撐市場，主要還是因為巨大的槓桿遊戲和債務，不管聯準會怎麼試，都永遠無法改善一個因為他們縱容而奠基於債務之上的經濟環境。

　　美國現今在世界舞台上享有的權力，完全是因為人民

被動接受領導，當我們陷入更深的債務深淵，這個領導
關係將會備受質疑。美國貨幣完全以人民的十足信任與
信用作為擔保，幾十年來，我們都知道我們的「信用」
變差了，所以過去 100 年來，聯準會完全依靠「信任」
支撐他們的公信力。隨著人民對聯準會的信任逐漸下降，
意味著現存體制即將走向滅亡，這對能預見未來的人來
說，是個絕佳的機會。

　　一旦人們意識到，就算聯準會信誓旦旦，他們也永遠
無法正常化貨幣，那麼接下來會發生什麼事就很清楚了，
這就是投資人可以獲取鉅額利益的地方了。若聯準會面
臨經濟衰退的首要之務是調降利率 20 碼（5 個百分點），
那麼當利率已經來到 1.5%，他們要怎麼對付接下來的經
濟衰退呢？
　　答案是，聯準會無計可施，若下一波經濟衰退今天就
來了，他們肯定十分無助，聯準會或許會將利率從 1.5%
調降到 0%，雖然葉倫已經承認這個作法的成效有限，
他們之後肯定還是得採取量化寬鬆，而且規模將是史無
前例的大。如果你認為量化寬鬆四兆美元已經很多了，
你可以等看看聯準會下一波經濟衰退時祭出的量化寬鬆
政策，根據內部預測顯示，市場利率低到 5% 以下之後，

　　　　　　　　　　　　　　　　　　　　——為人父母

每調降 1%，聯準會就必須多印三兆至五兆美元的鈔票。

這表示面對下一波經濟衰退來襲，聯準會必須將市場利率從 1.5% 降至 0%，而且還要多印 10 兆美元至 18 兆美元的鈔票，才能抵銷經濟衰退帶來的影響。如果他們真的被迫印製上兆美元的新鈔，你覺得美元的價格走向會如何呢？

當然，還有另外一個解法，那就是讓市場利率低到 -3.5%，若市場利率真的為 -3.5%，那麼 10 萬美元的銀行存款，一年後只會剩下 9 萬 6500 美元的價值。負利率會促使民眾囤積現鈔，人們寧可將鈔票存放在自己的床鋪底下，所以負利率並不是確切可行的方法，甚至可能讓經濟成長停滯更嚴重而已，日本和歐洲現在已正經歷這樣的情形，負利率並沒有幫助刺激他們的經濟。

簡單來說，當下一波經濟衰退來臨，我們將深陷危機，而聯準會手上也沒有可用的工具，因此，**唯一的解法就是下一波經濟衰退**永遠不會到來。這也是為什麼聯準會竭盡所能「讓資產負債表繼續擴張」，過去幾千年內，人類嘗試過避免經濟衰退好幾次，但幾乎沒有成功過，所以只有一件事是可以肯定的，那就是經濟衰退一定會再來。美國國會預算局預測，到了 2025 年，我們的債務將累積到 30 兆美元，即便這個預估數字還是過度樂

觀，因為還沒計入經濟衰退的影響。

若計入未來幾年可能因經濟衰退而多印的 15 兆美元鈔票，到了 2025 年，我們的債務可能會累積到 40 至 50 兆美元。你認為到時的市場利率會是如何？還要記得這些錢都必須靠借貸而來，在某個時間點，若要投資人提供貸款，他們肯定要求更高的報酬，這波大量的新債將會衝擊市場。

俗話說：「傷害你的事物通常不是你不知道的，反而是你很確定的事到最後才會成真。」每個人都確定政府債和美國公債是最安全的投資標的，40 年來，當市場利率持續走低，投資人的錢還是繼續投入公債，公債因此變得越來越貴，但利率卻一直往下滑。我們現在身處人類史上最大的債券泡沫，而掌舵的聯準會卻睡著了，一切都在他們的眼皮底下繼續進行，倘若下一波經濟衰退真的衝擊世界，經濟成長無處可見，所有的公債和操控利率的後果將回過頭來報復我們，一部恐怖電影將正式上演。

——為人父母

約 28 個交易日之後

1. 幾週之內，這章節採用的數據產生了劇烈變化，當時，聯準會的**反應**正如預期般迅速發生，他們必須使用極端的手段，因為已經窮途末路了。如果正常化利率為 5％，就完全可以避免極端的印鈔。

2. 本書我所有增加的章末「約 28 個交易日之後」中，這章和當前時事最為相關（請參見圖 6.5），聯準會為了回應危機，馬上將市場利率從 1.75％ 降至 1.25％，此一行動似乎還不夠，僅僅兩週後，聯準會又將利率降至 0％，除了快速向零利率下限邁進，聯準會還在資產負債表中增加超過 2.6 兆美元，讓資產負債表從 2 月份的 4.1 兆美元快速增加至目前的 6.7 兆美元，短短幾週內，聯準會資產負債表增加了 50％。美國國會預算局預測，到了 2025 年，國債將達到 30 兆美元，根據現實快轉一下，我們應該在 2021 年底就能達到這個目標了。

圖 6.5 聯準會資產負債表變化

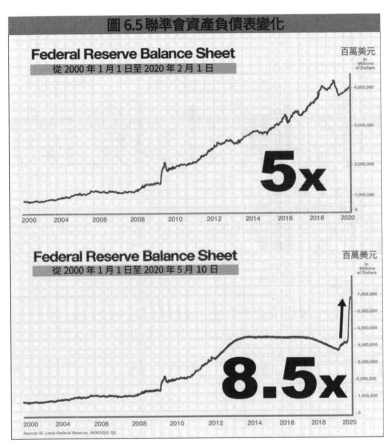

Source: St. Louis Federal Reserve

——為人父母

7
永無止境的故事

*The Never-Ending Story**

* 電影中文片名為《大魔域》

你或許想問，事情真的這麼糟糕嗎？我們找不到任何解決辦法嗎？難道不能像從前一樣，靠著美好的**經濟成長**來度過難關嗎？很遺憾，答案是不行。

想像你正在參加一場馬拉松比賽。跑到 10 哩的里程標示牌時，你已經精疲力竭，無法繼續跑下去。假設你現在有兩種選擇：其一是先退出比賽，幾個小時後再回來，其二則是更換賽跑路線，繼續比賽。選擇新路線的話，接下來的 15 哩路程**都會是下坡**，聽起來很不錯，但條件是比賽最後一哩的路程將變成上坡，而且坡度會隨著你的**體力**和**速度增加**。跑得越快，最後一哩路就越陡峭。

上述例子闡述了何謂與魔鬼交易。這場馬拉松賽事永遠不會結束。在最後衝刺階段，跑者越想快速往上爬，迎面而來的上坡只會更加陡峭。這筆交易就好比在跑步機上跑步，最終哪裡也到不了。跑得越賣力，坡度就越高。

這則比喻很適合用來描述全球債務危機下的處境和挑戰。我們和魔鬼做了筆交易。在比賽剛開始，我們不願在艱難的競賽中多吃苦頭，反而選擇在短期內較為輕鬆的路線。2008 年，我們沒有暫時退出比賽並允許經濟陷入長期衰退，而是選擇輕鬆的下坡路線。全世界累積了

—永無止境的故事

大量債務，才得以在馬拉松比賽裡持續跑下去。現在看來，當時我們確實撐過去了，但也因此留下不可能的任務，往後我們若想攀登債務之山，在極為陡峭的最後一哩路上只會寸步難行。每一次試圖促使經濟加速成長，債務之山只會以人們無法追趕的速度變得更加陡峭。到了這個階段，任何經濟成長都會使利率升高，表示利息成本只會高得難以承擔。如此一來，成長越快，積欠的債務越多。

根據聯邦預算問責委員會（Committee for a Responsible Federal Budget，簡稱 CRFB）報告指出，政府公債的利息成本預計在未來 10 年將攀升至近一兆美元，2029 年將達 9280 億美元。債務成本預計將上升到 **10 年前的三倍**，對所有人造成極大負擔。任何實質成長只會促使利率**進一步**升高，進而使債務之山堆得更高。我們跑得越快，坡度就越發陡峭（見圖 7.1）。這就是**死亡螺旋**（death spiral）。

美國正深陷自己造成的債務螺旋之中，不過其他地方的處境更糟。全球大國都進行了同一場賽跑，所有參賽者都和魔鬼做了交易，沒有人能夠克服自己所積欠下的龐大赤字。由於世界各地的處境都不甚理想，美元在

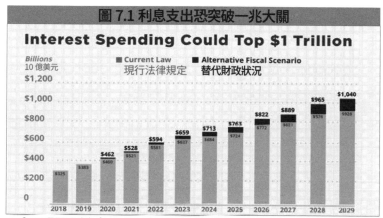

圖 7.1 利息支出恐突破一兆大關

Source: CRFB calculation based on Congressional Budget Office data.

馬拉松裡一直是最佳跑者。美元貿易加權指數（trade-weighted index，用以衡量美元兌國際貨幣的指標）顯示，目前美元相對其他貨幣來得如此強勁，在過去 25 年來僅發生一次。這種現象可能會持續下去。若要使美元走勢疲弱，其他貨幣勢必得走強。不幸的是，目前沒有其他貨幣有意願或有能力接替美元的主導地位。

全球資本紛紛湧向美元，資金持續流入美國公債的「安全避風港」裡頭。然而，借錢給沒有能力償還債務的政府根本不合邏輯。全球資本流動似乎不在乎這項事實。世界上有越來越多資金大舉流入美國公債，盛況創歷史紀錄。全球追捧美債的熱潮並不表示美元有多光鮮亮麗，反倒突顯其他各地的疲弱。想瞭解目前的

——永無止境的故事

情勢是多麼本末倒置，我們得看看殖利率曲線（yield curve）。

　　殖利率曲線是金融用語，聽起來可能有點複雜，但其實很容易理解。簡單來說，**殖利率**就是我們借錢給他人時所預期的「報酬率」（rate of return）。**殖利率曲線**描繪出投資人借錢給政府時的預期報酬率。我們身為貸款人，等待對方償還債務的時間越久，預期的報酬率就應該越高。假設我們向政府購買為期三個月的公債，預期獲得的報酬應該會少於為期 10 年公債的報酬。舉例來說，2020 年 2 月 10 日，美國三月期公債提供 1.28% 的殖利率，二年期公債提供 1.4% 殖利率，10 年期提供 1.57% 殖利率，30 年期提供 2.04% 殖利率。殖利率會隨時間增加而上升，以此形成殖利率曲線。這條曲線已日趨平緩（見下頁圖 7.2）。

　　當殖利率曲線走勢平緩，表示長期貸款提供的利率不再比短期貸款來得高。對投資人而言，**曲線趨於平緩**是某些地方出錯的警示。殖利率曲線趨平表示投資人對未來市場經濟抱持擔憂態度，他們擔心利率將持續下降，而且不太可能發生通貨膨脹和經濟成長。

　　當殖利率曲線**倒掛**（invert），代表美國公債殖利率比聯準會設定的隔夜利率還來得**低**。倒掛現象是象徵「前

方有危險」的警訊。倒掛現象發生時，投資人預期中央
銀行將**強勢**調降利率來促進經濟活動。對短期債券投資
人而言，這是反映行情上漲的訊號，意味著利率很可能
走低，而利率如果真走低了，債券就會升值。身為一名
投資人，我敢說未來的情勢會比現在更糟。殖利率曲線
倒掛是經濟即將衰退的最佳指標之一。過去 50 年來，**每
次經濟衰退之前，殖利率曲線都會倒掛。**

　　猜猜目前的殖利率曲線變化為何？目前美國財政部所
發行的多數債券都發生了曲線倒掛的現象。三月期利率、
二年期利率和 10 年期利率所提供的報酬都比隔夜聯邦資
金利率來得低。這可不是好預兆。

　　根據《彭博》引用歐義銳榮 SLJ 資產管理公司

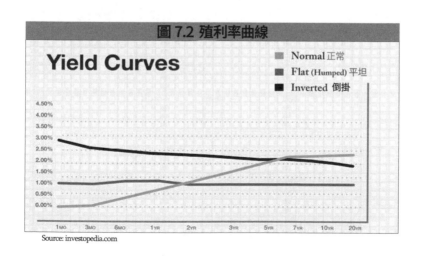

圖 7.2 殖利率曲線

Source: investopedia.com

──永無止境的故事

（Eurizon SLJ Capital）報告顯示，目前在全球的避險債券資產中，美國公債占了超過一半，是金融危機時期所占比重的兩倍。為了確保安全與持久，所有人紛紛追捧美國公債，進而驅使公債價格上揚。當需求上升，長期利率將持續下降至更低點，曲線也將進一步倒掛。據估計，在接下來兩年內，美國政府公債將占全球避險債券的三分之二。聯準會副主席克拉里達（Richard Clarida）表示：「事實上，負利差主要並不是受美國經濟的驅動，而是全球局勢。當市場存在不確定性，資金就會流入美國，因此當前的殖利率走勢並非反映美國的前景。」

　　簡單來說，資金之所以會不斷湧入世上「最安全」美國政府公債，是因為其他地方的風險更高。這種情況相當於在即將迸裂的薄冰上溜冰，所有人為求安全，全都溜向其中一邊。現在每個人都站在薄冰上頭的同一個地方。當我們被迫將利率調降至 0%，**而後**殖利率曲線倒掛，這時曲線將會發生什麼變化？這個時期即將來臨，屆時將預示一段漫長又痛苦的經濟衰退期。

　　所有人聚集在薄冰上頭並非反映安全投資轉移跡象（flight to safety），反倒是不得已的最後手段。借錢給沒有能力還債的人一點都不安全，是很糟糕的想法！

然而目前的需求遠勝以往，投資人紛紛排隊放款。這透露了大型泡沫經濟的跡象，同時也顯示投資人正承擔著極大風險。我們往往根本沒意識到風險，是因為我們直覺認定美國公債「很安全」，而金融機構和顧問提供的建議只會再三重覆這則謬誤。關注價格並沒有幫助，因為價格很可能會走高。股東發現股價上漲時也會犯同樣的錯誤。他們誤以為價格就等於價值。

短期內，隨著全球資金撤出其他資產，美元很可能持續強勁。當這波資金流入美債後，利率將降至更低點，使得美元表現強勢。比起關注、甚至搭上這股投資熱潮，也許我們該留意其他正在發生的事情。歷年來，每當美元上揚，金價就會下跌，因為購買**相同單位黃金所需的美元變少**了。但是現在的金價並沒有下跌，而是一路上漲。這些跡象都顯示整個經濟制度已崩壞。絕大多數人仍在購買公債，只有精明的投資人選擇購買黃金。

我們先前面臨債務危機時也曾迎來這樣的時刻。1930 年代，美元相對於全球貨幣表現過於強勢，小羅斯福遂決定使美元兌黃金貶值。他發布行政命令，規定持有黃金是非法行為。等黃金全數回收後，他大筆一揮，將黃金價格從每盎司 20 美元調漲為每盎司 36 美元。1971 年，尼克森也發布行政命令，正式關閉黃金窗口，

——永無止境的故事

藉此使美元兌黃金貶值。

面對債務危機時，**唯一的出路**就是貨幣貶值。除非從整個經濟結構下手來促成貶值，並且形成新的經濟制度，否則全世界都必須面臨極為嚴峻的風險。回顧過去的歷史早已有跡可循，這次也不例外。

有時候要瞭解整個世界局勢，其實透過連小孩都聽得懂的簡單話語，還有一目了然的圖片就能解釋清楚。最簡單的故事有時才最容易理解。我們都聽說過擁有政府公債就是最安全的事。你怎麼想？

下面這則童話〈兩棵樹的故事〉（The Tale of Two Trees）也許能幫助你回答這個問題（參見故事結束後的圖 7.3 到 7.8）：

> 歷史上每段偉大文明的故事都能從兩棵樹說起，這兩棵樹出現在每個偉大的國度。第一棵樹叫做「成長樹」。它是一棵好樹，是健康與成長之樹。這棵樹代表人類社會的繁榮，會隨著國家的總生產量茁壯。成長樹為人民產出甜美富足的果實，樹長得越高大，國家就越強大。自古以來，成長樹最茂盛的國家都能稱霸世界。
>
> 第二棵樹叫做「債務樹」。它是一棵邪惡之樹，代

表人類社會的失衡、疾病與虛弱。這棵樹上頭布滿尖刺，帶給人民傷害與苦痛。債務樹會隨國家的負債程度成長。自古以來，每當債務樹太過茂盛，它就會阻礙成長樹生長，進而扼殺成長樹的生命。

我們可以用這兩棵樹的故事來解讀世界史。想想古希臘、古羅馬、蒙古帝國和大英帝國。這些偉大國度都曾有著繁密茂盛的成長樹。現在成長樹最為繁茂的是美國。不過歷史上，每個偉大國度也都因債務樹而走向沒落。無論是古雅典、古羅馬、蒙古帝國、大英帝國，最終全數走入歷史。

現在恐怕輪到美國了。美國可說是歷史上最強大的國家，有著世界上最高大繁茂的成長樹。2000 年，美國的成長樹高達 10 兆呎，遠遠勝出債務樹。過去 20 年以來，美國的成長樹連年茁壯。時至今日，美國的成長樹已達 20 兆呎之高，是 20 年前的兩倍。然而美國的債務樹也連年成長。不幸的是，債務樹在過去 20 年的高度並不只是翻倍，而是翻升為先前的七倍！目前美國的債務樹比成長樹高出許多。到了 2025 年，成長樹將達 23 兆呎高，每年以 2.5% 的速度成長；然而，債務樹將在同年突破 30 兆呎的高度，每年以 7% 大幅成長！不久以後，成長樹將籠罩在債務樹的陰影之下，債務樹不僅阻礙成長

——永無止境的故事

樹生長，更會扼殺成長樹的生命。

歷史上每個偉大國度都有兩棵樹。只要美好的成長樹比邪惡的債務樹來得茁壯，國家就會繁榮強盛。想想看，這一次的情況又怎麼會是例外？

圖7.3 〈兩個樹的故事〉

A TALE OF TWO TREES

美國 UNITED STATES OF AMERICA
BRITISH EMPIRE 大英帝國
MONGOLIAN EMPIRE 蒙古帝國
ROMAN EMPIRE 羅馬帝國
ATHENS GREECE 古希臘雅典

Good Tree of Growth 成長好樹
債務惡樹 Evil Tree of Debt

每個偉大國度的故事都能從兩棵樹說起──「美好」的成長樹和「邪惡」的債務樹。

圖 7.4 羅馬帝國（27BC – 476AD）

ROMAN EMPIRE
27BC – 476AD

只要成長樹長得比債務樹高大，這些偉大國度就會強盛。一旦債務樹長得較為高大，就會扼殺成長樹的生命，再偉大的國度也會隨之沒落。

圖 7.5 債務占 GDP 比例：57%

$ 30 Trillion

$ 25 Trillion

$ 20 Trillion

$ 15 Trillion

$ 10 Trillion

$ 5 Trillion

2000
DEBT TO GDP RATIO
57%

美國現在是世界上最強大的國家。2000 年，美國成長樹的高度相當於 10 兆美元，債務樹則只有 3.5 兆美元之高。

——永無止境的故事

現在美國的成長樹達 20 兆美元的高度，在過去 20 年來呈翻倍成長。美國的債務樹則達 23 兆美元之高，在過去 20 年成長到原本的七倍。

到了 2025 年，成長樹將達 23 兆元的高度，但同一時間債務樹將達 30 兆元之高，進而阻礙成長樹發展。

圖 7.8 債務占 GDP 比例：182%

兆美元
$ 30 Trillion

$ 25 Trillion

$ 20 Trillion

$ 15 Trillion

$ 10 Trillion

$ 5 Trillion

2025
DEBT TO GDP RATIO
182%

自 COVID-19 疫情危機爆發以來，最新預測數據顯示截至 2025 年，美國債務樹恐突破 40 兆元之高。

約 28 個交易日之後

1. 眾所周知，目前的利率是 0%。有人問我一個大問題，如果我們將利率調降為 0%，這難道不代表我們不用付出任何成本，就能為現有債務再融資（refinance）嗎？又或者說，利率調降為負值的時候，我們不就可以靠著向他人借錢來獲得報酬嗎？這個問題概括了大貶值的意涵。答案是沒錯。假設我們以 0% 或負利率為現有債務再融資，那麼清償債務的成本就能全數抹除，這點在數學上是成立的。當聯準會資產負債表上的期末整付（balloon）超過 20 兆美元時，這就會是

——永無止境的故事

最後一步。聯準會和日本銀行（Bank of Japan）一樣，可以向我們買回所有未還債務，而這時成本只需25兆美元。我相信貨幣重置終將成真。值得注意的是，唯有所有債務都能繼續累積與再融資時，這樣子的過程才可能發生。當然，負利率會加速整個進程。

2. 兩棵樹的故事主要是在講述貧富差距擴大的現象。隨著經濟衰退臨近，屆時將會出現負的 GDP。成長樹終將萎縮，與此同時，債務樹正迎來爆炸性成長。歷史上最偉大的國度之所以沒落，其根本原因都出自於貧富差距。

——永無止境的故事

8
金手指

Goldfinger*

* 電影全名為系列作品之一：《007：金手指》

　　小時候，我最喜歡的電影是《回到未來》（Back to the Future）。我總喜歡在內心假想，如果能預先**知道**接下來會發生什麼事，那樣子的人生會多麼美好，只要能預知未來，生活將多麼有樂趣、輕鬆又無憂無慮，任何事情都會變得很簡單。在電影《回到未來》中，反派角色畢夫（Biff Tannen）從未來帶回一本名為「Grays Sports Almanac」的體育年鑑，年鑑裡記錄了歷年來每場運動賽事的結果，畢夫藉著這本年鑑，在最終贏家身上下注而成為大富翁。假設**你**也有一本賽事教戰手冊，讓你在比賽開始之**前**就能得知最終比分，這不是很棒嗎？如果能事先得知比賽結局，就再也不用擔心受怕了，對吧？

　　想像你可以回到 10 年前，與前聯準會主席班・貝南克坐下來開會，向他請教自己應該怎麼建立投資組合。時間有些久遠，我們先回顧當時的情境。那時道瓊指數跌幅超過 50%，跌至 6700 點，你辛苦工作一輩子，投入 401K 退休金帳戶的資金卻在短短幾個月損失一半。你的房屋價值遠低於尚未償還的房貸，你非常害怕。你很擔心自己的未來，擔心自己活得比預期久，但退休金不夠用。你很擔心自己永遠都無法退休，而且完全沒頭緒該怎麼辦。

——金手指

　　假如你有機會與貝南克坐下來長談，他大概會說不用擔心！他會建議你把手上每一分錢都投入股市。他會告訴你，聯準會和全球其他央行正準備祭出史無前例的「量化寬鬆」政策（其實就是大量印製鈔票的好聽說法），讓央行資產負債表規模擴大四倍。透過這項創新之舉，聯準會將增印幾兆美元的新鈔。這樣一來，經歷這波印鈔行動後，所有新資金都會流向**同一個地方**，也就是股市，而你的投資組合價值也會因此增加四倍。能早點知道**這些資訊**就太好了，對吧？

　　比起上述在 10 年前就有機會得知的資訊，我相信接下來幾章的內容會更加實用。我深信全世界都需要知道這些資訊，讓所有人掌握這些資訊就是我的任務。如果你是投資人，我想以下資訊能幫助你在未來幾年獲取巨額利潤。在這趟**回到未來**的旅程中，我將細數關於未來局勢走向的證據，相信你也會被說服。為了掌握貨幣制度的未來趨向，我們必須先瞭解貨幣的歷史、黃金曾經的重要地位，還有黃金未來將如何再度成為萬眾矚目的焦點。

　　黃金為何如此重要？討論黃金的一大好處是每個人都知道黃金是什麼。不過，瞭解黃金如何**運作**的人卻是少之又少。大部分的人都把黃金視為熊市資產配置，只有

在全球經濟瓦解或股市崩盤時才會持有黃金。一想到黃金，一般人總會聯想到這些關鍵詞或想法：**世界末日、保險、崩盤、恐懼、不配息、瘋子才買黃金。**

大部分的人深信只有在世界末日時，黃金才有價值。但重點是，這種普遍思維並不是普世皆然的真理，而是天大的謊言。如果你也這麼想，甚至深信不疑，那麼這裡有個簡單的問題：過去 20 年來，世界末日來臨了嗎？

股市在 20 年前就存在了，對吧？直到現在，股市仍屹立不搖。事實上，在我提筆寫字的這一刻，股市正處於前所未有的榮景。我認為股市表現得非常好。川普一定也這麼想！20 年前，道瓊指數為 1 萬 1500 點。2020 年 2 月，道瓊指數上漲至 2 萬 9000 點，增加了 1.5 倍。

20 年前，黃金價格為每盎司 260 美元。2020 年 2 月，金價達 1560 美元，增加了五倍！大家總以為只有在金融危機發生時才要購買黃金，而這項資產卻比史上最繁榮股市的表現高出兩倍以上。自 2018 年 8 月《華爾街不讓你知道的投資金律》一書出版以來，道瓊指數漲幅為 15%。出版時金價是每盎司 1192 美元，同期漲幅為 30%。

顯然，「只有在股市崩盤時才持有黃金」完全是錯誤的想法。短期和長期股價同時上揚，金價也一路走高，

——金手指

成長幅度甚至翻倍！

假設其他資產擁有同樣亮眼的表現，難道它們也是因應世界末日的**保險**？保險並不是用來累積財富的策略。唯有發生很糟糕的事情，保險才會理賠。沒有人**想要**買保險。我們買保險是為了保護實體資產，是為了安心。我們會為房屋、車子和自己的健康買保險。我們投保的事物遠比保費來得更有價值。

想想看股票，幾乎每個投資人都會持有這項資產類別，股價在過去20年上漲了2.5倍，之後不再創新高（見圖8.1）。而黃金，在大眾眼中是幾乎無人持有的末日**保險政策**，金價卻已上升六倍，而且目前的定價**低於**歷史最高點。這樣聽起來，購買黃金的人很瘋狂嗎？對我來說，持有股票的人才瘋狂。這就是華爾街一直以來所幹的好事，他們將股票貼上「好標籤」、將黃金貼上「壞標籤」，而大多數人完全沒意識到任何不對勁的地方。

為什麼知道這項資訊的人不多？除了不動產以外，超過99%的投資人都會選擇紙面資產，只有少於0.1%才會選擇投資實體黃金。你覺得呢？

不過別擔心，如果你是第一次聽說這些事情，你並不孤單。我們都很疑惑。打從最一開始，華爾街的設立就是為了迷惑大眾。中央銀行的設計者當初規劃時，根

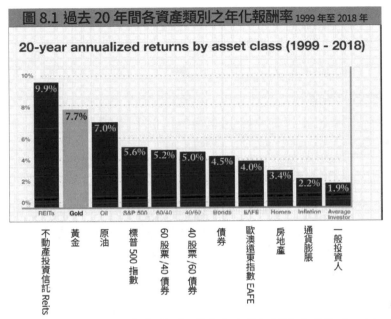

圖 8.1 過去 20 年間各資產類別之年化報酬率 1999 年至 2018 年

20-year annualized returns by asset class (1999 - 2018)

不動產投資信託 Reits｜黃金｜原油｜標普 500 指數｜60 股票/40 債券｜40 股票/60 債券｜債券｜歐澳遠東指數 EAFE｜房地產｜通貨膨脹｜一般投資人

Source: J.P. Morgan Asset Management: Barclays, Bloomberg, FactSet, Standard & Poor's; Dalbar Inc. Guide to the markets - U.S. Data.

本不希望我們理解央行的整個運作結構。亨利・福特（Henry Ford）曾說：「還好人民並不清楚我們的銀行與貨幣制度，一旦人民知道真相，我想明天太陽升起以前就會發生革命。」

　　黃金怎麼運作？上千位投資人都曾問過我這個問題，尤其是醫生、律師和工程師等在業界通常頗有成就的佼佼者。我發現有件事幾乎能一體適用，雖然我們對自己

──金手指

的專業領域很在行，但是我們之中很少有人曾經學過如
何投資。對此，我們多半不太擔心，直到我們擁有足夠
的資金可以做投資，到了那個時候，我們只會過度忙於
賺取更多金錢，根本沒時間學習投資。

　　如果你不是從事金融服務業，你很可能從來沒學過基
本觀念，就算你有點基礎，通常也沒有人會帶你瞭解真
相。大部分人獲得的建議通常都流於空泛、太過老套，
更別提這些建議背後的基調都大有問題。對多數人來說，
投資這門學問感覺太重要，卻也太複雜而難以處理。這
就是為什麼我們盲目信任金融專家，並將投資的重責大
任託付給對方。一般而言，我們擁有的金錢越多，需要
這些金融專家協助的感覺就越強烈。既然懂投資的人很
少，瞭解黃金的人就更少了。接下來，讓我們一起解開
所有疑惑，認識黃金是什麼，以及黃金究竟如何運作。
我們將會瞭解黃金的來龍去脈、為何現行制度注定失敗，
還有未來的經濟趨向。

　　金是一種元素，金元素很穩定且不會發生變化。黃金
深藏在地底，由上帝創造而成。經過上千年的無數嘗試，
煉金術已證實人類無法透過混合其他物質來製造黃金。

　　圖 8.2 是一盎司美國鷹揚金幣的正反面圖。這枚硬幣
由美國鑄幣廠取在美開採的金礦製造而成。這些金礦從

圖8.2

地底挖掘出來，是存量非常有限的資源。令人驚訝的是，歷年來經鑄造或開採的黃金總量，還裝不滿三座奧林匹克標準游泳池。

　　現在淘金比人類歷史上的任何時刻都還困難。20 年前，我們必須移走一噸岩石才能開採出一盎司黃金。換作現在，假如要開採同樣一盎司黃金，我們必須先移走七噸岩石。在往後幾年，人類找到的黃金只會越來越少，尤其要花五年的時間才能開始開採新礦。由於 2012 年到 2017 年黃金價格普遍低迷，投入金礦開採業的資金創過去 20 年新低。

　　雖然新的黃金供給創歷史新低，但是黃金需求持續增加。黃金在世界各地逐漸成為備受追捧的資產。2019 年全球各大央行購入黃金的數量比過去 10 年的任何時間點

——金手指

還多。俄羅斯、中國、土耳其都在購買黃金。著名投資人保羅·都鐸·瓊斯（Paul Tudor Jones）曾說：「隨著需求增加，黃金在未來應是投資人首先持有的資產。」

圖 8.3 是 20 美元紙幣的圖片。目前這種紙鈔由聯準會發行。美國現在的印鈔速度可說是前所未見。美元是世界的主要貨幣，也是支撐起全球貨幣制度的基礎。這張 20 美元紙幣是人造貨幣，其製造數量並沒有限制。在往後幾年，即使未來對於紙幣的需求很可能逐年減少，但我們仍不得不印製上兆美元紙鈔。

貝萊德公司（BlackRock）執行長芬克（Larry Fink）指出：「面對美元的問題，全球已有越來越多國家和公司領導人表示，希望能找到更為長遠的解決方

圖 8.3

式。」貝萊德是全球最大的資產管理公司，管理的資產規模超過 7 兆美元。

　　既有制度的管理者可能傾向否定美元與黃金之間的任何關聯，但大多數人不記得的是 90 年前，一張 20 美元紙幣和一盎司黃金之間是可以相互流通的。一張 20 **紙幣美元和一盎司黃金的價值完全相等**。黃金曾經是流通貨幣。當時美國採取金本位制度，也就是說如果沒有相對應的黃金準備為擔保，我們就不能印製任何一張 20 美元新鈔。就像現在四個 25 美分硬幣與一美元等值，當時一張 20 美元紙幣與一盎司金幣具有相等價值。

　　90 年前，你可以帶著一盎司金幣或 20 美元紙幣走進西服店購買高級西裝。現在，一盎司金幣可以買到價值 1500 美元的西裝，然而一張 20 美元紙幣連西裝口袋巾都買不起。這就是黃金的價值。黃金才是真正的貨幣。相較之下，現在的美元早已不復當年，就像是與祖先榮光相差甚遠的皇室遠支後代。

　　黃金到底如何**運作**？簡言之，這是一場決定美元未來價值的公投，或者說投票。如果你相信美元將來有可能增值，就別買黃金，因為未來購買相同數量黃金所花費的美元會減少。不過，如果你相信美元會隨著時間繼續貶值，那麼黃金也許會是最佳持有標的，因為未來購買

──金手指

相同數量黃金所花費的美元會增加。

我發現要真正瞭解事物的全貌，從不同角度看事情通常是很實用的方法。這裡提供另一種觀點來看待這件事。90年前，一盎司金幣能換到一張20美元紙幣。20年前，一盎司金幣能換到23張20美元紙幣，而現在一盎司金幣能換到78張20美元紙幣。貶值程度相當驚人。90年以後，如果貶值速度不變，一盎司金幣將能換到6084張20美元紙幣，換句話說，90年後一盎司金幣的價值相當於12萬1680美元。大貶值就像是一條不可逆的單行道，打從法定貨幣制度施行後，這條路就已經鋪設好了。

每張美元紙鈔的背面都印有這幾個字：「上帝是我們的信仰」（In God We Trust）。這句話在金本位制度下成立。當時，美元以黃金作為擔保，聯準會承諾讓美元表現得「像黃金一樣可靠」。他們的承諾是要保證美元的既有價值。

每張美元紙鈔的正面則寫著這幾個字：「聯邦準備券」（Federal Reserve Note）。過去90年來，這些字樣早已比背面標語來得貼切。過去我們採用金本位制。如今，美元只能仰賴「美國政府的十足信任與信用」擔保。現在的美元不再由黃金擔保，而只能憑藉信任作為擔保。但是這種擔保機制並非來自美元本身的價值，而是取決

於那些為自身利益操弄整個制度的管理者。美元背後的幾個大字，對於任何具真正虔誠信仰的人來說都是種侮辱。美元不應該寫「上帝是我們的信仰」，應該改成「聯邦是我們的希望」（In the Fed We Hope）。我們將維持健全貨幣制度的責任託付給他們，但考量到那幫管理者的行為舉止，很快就能明白「希望」並不是可行的策略。真正可行的策略是回歸**實際**。

如果你到街上詢問路人什麼是**黃金法則**（Golden Rule），對方的回答很可能是「你們願意他人怎樣對待你們，你們就應當怎樣對待他人。」這則出自聖經的金句是永恆不變的智慧，或許也是邁向美好人生的秘訣。不過，關於權力的黃金法則早在耶穌降臨世上之前，就已存在了上千年。權力黃金法則的概念很簡單：「得黃金者得天下。」

美國的經濟實力奠定於 1944 年，當年許多國家代表齊聚美國新罕布夏州布列敦森林，共同通過一項協定。從此以後，世界各國同意將美元當作正式的國際準備貨幣。布列敦森林協定確立了新的貨幣制度，也確保美國在全球的強勢地位。這項協定之所以會通過，主要原因就是**美國持有最多黃金，所以世界的遊戲規則由我們來訂**。

——金手指

　　第二次世界大戰後，44 個同盟國共同通過這項協定，其概念很簡單，各國貨幣會與美元掛鉤，而美元則以黃金作為擔保。這樣的機制使美國的地位高於其他各國，美國也能隨意**增加或減少**全球貨幣供給。在布列敦森林體系下，美元也許能藉由供給黃金占據強勢地位，但是這項權力並非**毫無限制**。美國承諾協約國，確保美元表現得「像黃金一樣可靠」。任何美元新鈔都**必須**以相應黃金準備為擔保。這種以實體黃金作為「擔保」的機制保護其他國家免於美元貶值的影響，也限制美國大肆提高貨幣基數的權力。

　　然而在 27 年後，以黃金為擔保的限制條件忽然遭到撤除。1971 年 8 月 15 日，理查·尼克森總統（President Richard Nixon）發布行政命令，宣布關閉黃金窗口。這條行政命令意味著美元再也不需要以黃金準備為擔保。從此以後，一直到現在，持有美元作為準備金的國家再也不能用美元換取黃金。尼克森的行政命令使美元成為**法令貨幣**。自從尼克森的行政命令發布後，唯一支撐著美元的只剩美國的「十足信任與信用」。

　　尼克森的政策方針是短期補救的方法，旨在阻止金流繼續流出美國土地。當其他各國一致同意終止布列敦森林體系時，美國政府其實很驚訝。現在看來，整個過

程並沒有受到任何阻礙，這大概稱得上人類史上最大宗的騙局。尼克森讓美元與黃金**脫鉤**，外號「奸詐迪克」（Tricky Dick）的他，鮮少因這齣大騙局而獲得好評。在眾多花招當中，尼克森這回的手段使美國在國際舞台上保持近 50 年的霸主地位，更讓富裕階級得以大肆搜刮財富和權力，搜刮程度堪稱史上之最。

權力黃金法則早已從過去的「誰有黃金⋯⋯」，演變成「美國政府的十足信任與信用」。過去 50 年來，新一代的典型法則是「掌控美金者得天下。」我們大概可以猜想得到，如果全世界的同盟國有**重新來過**的機會，他們很可能選擇回到 1971 年 8 月 15 日，那天世界各國盲目接受美元與黃金脫鉤一事。最後，貨幣制度由美國獨自操控，進而使美國得以鞏固自身在全球的地位，而其他各國不得不聽令行事。美國能在國際舞台上保有霸權地位，尼克森總統法案正是其根本原因。

美國聖路易聯邦準備銀行（St. Louis Fed）的資料顯示，央行在成立後的頭 56 年間將貨幣基數擴大 41 倍，與其相關的黃金供給在同期增加了 6.5 倍，相當於黃金每增加一倍，紙幣供給擴大 6 倍。

過去 57 年來，聯準會將貨幣基數擴大 40 倍，但同期間的黃金供給增加為零。美元與黃金脫鉤，卻又能維

——金手指

持全球準備貨幣的地位，使美國和美國公民占盡主場優勢。不過對權力菁英而言，他們所獲得的優勢更甚，手頭裡的資產淨值均迎來巨幅成長。

美國人口僅占全球的 5%，但美國人創造、賺取的財富占全球所得總額的 20%。差距如此懸殊，全因美國控制了世界上的貨幣供給。

聯準會控制貨幣供給，貨幣供給控制經濟，美國央行成為全世界最有權勢的機構。假如美國失去掌控全球交易貨幣的權力，美國在國際上的影響力就會大幅縮減，也會被迫居於新貨幣霸主之下。

經濟好壞對總統選情影響極深，而聯準會有著操控美國經濟的特權，我們或許可以說，聯準會的權力足以使某總統選勝，或是將其免職。事實上，這代表聯準會主席比總統本人還要重要。但是這種特權並不是永恆不變，最終還是得取決於大眾對央行的盲目信任。

信任（faith）是所有中央銀行的首要大事。自成立以來，社會大眾對聯準會的信心僅動搖過數次。質疑聲浪往往出現在重大債務危機發生的時候，1930 年代發生過一次，之後於 1970 年代又重演。我們現在正準備迎接第三次危機。我們可以發現這些危機呈週期性出現。這次的危機恰好出現在應該發生的時機點。

　　聯準會的政策在過去 10 年屢屢失敗，導致金融制度嚴重扭曲。**零利率和負利率**在成長緩慢的全球變得普遍。這些新時代經濟概念動搖了三千年來的經濟學思維。社會大眾開始抱持懷疑態度，也逐漸失去信心，聯準會的權力與菁英階級因而再度陷入危險之中。利率政策過於極端，一般民眾自然容易察覺那是壞主意。現在信任出現問題，一家獨大的聯準會便開始受到審視。世界上有越來越多國家和公司試圖脫離美元，數量超過歷史上的任何時期。美元很快就會走跌。

　　接下來發生的事情，以前都曾發生過。人類超級循環不斷上演，在歷史上早已有所紀錄。如果說這是一場舞台劇，演員與戲服也許會改變，但故事情節將維持不變。已經知道結局的人最能好好欣賞整齣劇。

　　在我們作些長遠打算之前，可以先更深入了解過去，這對我們會有所幫助。本書第二部分將帶領大家**回到未來**，我們會發現過去是一場序幕，任何想預測未來的人只需要看看過去發生什麼事情，心中自然會有答案。

約 28 個交易日之後

　　聯準會的資產負債表規模在過去 10 年持續擴張，這

　　　　　　　　　　　　　　　　　　　——金手指

些資訊多半不太公開，一般大眾也鮮少注意到這些
事。大多數人完全沒意識到，現階段股價之所以會
大幅上漲，是因為聯準會讓資產負債表的規模擴大
了。為了因應 COVID-19 危機，聯準會大動作祭出各
種措施，顯得相當引人注目，難以忽略。2020 年從
3 月到 5 月的八個禮拜以來，聯準會的資產負債表增
加了 50%，與此同時，有 3300 萬名美國人失業。令
人擔憂的是，股價在同一時間上漲逾 35%。

股市目前正面臨自經濟大蕭條以來最嚴重的危機，
股市明顯與現實世界脫節了。政府大量印鈔的舉動
太過明顯，黃金的價值早已一路飆升。在我寫下這
些話的時候，金價已突破 1700 美元。一旦台下觀眾
看破魔術師的伎倆，整場魔術表演就結束了。股市
和現實世界之間的差距太過明顯，暴露聯準會只為
投資人牟利而存在的事實。在本書的第二部分，我
們會發現全球陷入經濟大蕭條時，聯準會的處境就
是如此。我們又回到了原點。過去只是序幕。

第二部

重蹈覆轍

Those Who Cannot Remember The Past Are Condemned to Repeat
It

9
普羅米修斯

Prometheus

美國中央銀行成立至今已逾百年。聯準會與其他政府單位不同，其成立宗旨並不是為了保障人民福祉。聯準會的存在純粹只為了保護少數有錢有權者的利益。這些富裕又有權勢的大人物包含鋼鐵大王安德魯‧卡內基（Andrew Carnegie）、當今全球首富暨慈善家約翰‧D‧洛克菲勒（John D. Rockefeller）、鐵路大亨康內留斯‧范德比爾特（Cornelius Vanderbilt）、德國漢堡的沃柏格家族（the Warburgs）以及巴黎和倫敦的羅斯柴爾德家族（the Rothchilds）。這些大人物之中，最有權勢的就屬聯準會幕後推手JP‧摩根（J.P. Morgan），其餘人士只能在他身後默不作聲。

1913年聯準會成立之前，美國一直沒辦法成功維持中央銀行體系。銀行業機構受制於州特許銀行（state chartered bank）和未經特許的「自由銀行」（free bank），這兩類銀行會發行專屬的票券，而這些銀行券可以兌換黃金。只有黃金維持不變。然而，在區域性銀行各自獨立的結構下，聯邦政府面臨了諸多監管挑戰。

摩根公司（J.P. Morgan & Co.）是個商業銀行機構，在1871年正式成立。摩根公司是當今全球前三大銀行機構的前身：摩根大通（JP Morgan Chase）、摩根士丹利（Morgan Stanley）和德崇證券（Drexel

——普羅米修斯

Burnham Lambert）。業界人士都稱之為**摩根財團**（House of Morgan）。摩根公司的歷史可以追溯到 1854 年，當年，朱尼厄斯・斯賓塞・摩根（Junius Spencer Morgan）加入了喬治皮博迪公司（George Peabody & Co.），是一間總部位於倫敦的銀行業務機構。之後，在朱尼厄斯的兒子 JP・摩根帶領下，摩根財團發展成為全球最大的金融服務機構。

摩根企業崛起不曾仰賴中央銀行的援助。當時的體制支離破碎，無可避免地導致經濟衰退與銀行擠兌事件，形成適者生存的環境。摩根一家是相當傑出的銀行家，當其他銀行隨著時間紛紛倒閉，摩根帝國仍持續向外擴張。到了 1890 年代早期，摩根公司已是美國實際上的中央銀行。

摩根財團負責集中資金，以便投入快速成長的美國，也主導橫貫大陸鐵路的修建。財團旗下銀行專門服務阿斯特家族（Astors）、杜邦家族（DuPonts）、古根漢家族（Guggenheims）、范德比爾特家族（Vander-bilts）和洛克菲勒家族。摩根企業將投資觸角延伸至世界上的各個角落，資助許多美國一流公司的成立及營運，例如通用汽車（General Motors）、奇異公司（General Electric）和杜邦公司等等，這些還僅是其中幾例。

　　摩根公司在海外設立辦公室，並與倫敦全球金融中心保持重要銀行業務往來。到了 1890 年代早期，摩根財團是公認的美國第一大銀行，其勢力範圍遍及全球。

　　1893 年，金融恐慌使美國陷入歷來最嚴重的經濟蕭條時期。全美兩大雇主企業費城雷丁鐵路公司（Philadelphia and Reading Railroad）和美國船纜公司（National Cordage Company）接連倒閉，導致銀行爆發擠兌情事，而後造成股市崩盤。企業主和個別存款人爭相到銀行提領戶頭裡的黃金。到了 1895 年，美國的黃金準備近乎耗盡。由於當時並沒有央行能為市場挹注流動性，摩根不得不親自將自己的銀行從這場金融災難中解救出來。在這段經歷中，他發覺自己拯救了金本位制度，更是美國經濟的救星。

　　摩根前往華盛頓，他承諾籌組跨國銀行團（syndicate）來收購黃金，進而幫助美國財政部不再流失更多黃金。摩根向時任總統格羅弗・克里夫蘭（Grover Cleveland）保證，他不會讓收購的黃金跟著流出美國。摩根帶領銀行團主導發行美債，以便從外國投資人手中買回黃金。銀行團在紐約以 112.25 美元出售債券，22 分鐘即全數售完。經濟秩序旋即恢復穩定。摩根的行動讓美國得以從為期兩年的嚴重經濟蕭條時期脫身。

——普羅米修斯

　　銀行業向來建立在信任之上。銀行以利息為誘因，吸引存款人將資金存放在銀行裡。這當中須滿足兩個必要條件，整個銀行的運作體系才能成立。存款人獲得的利率必須值得，而且他們必須信任銀行能夠保有償付能力。存款人得隨時對自己存款的銀行抱持信心，相信有需要時銀行會歸還存款。若失去信任，整個體系遲早會瓦解。

　　到了 1906 年，美國依然沒有成立央行作為後盾，摩根發現自己再度扮演了救世主的角色。當年，舊金山大地震帶走將近 3000 條生命，整座城市遭到重創，更醞釀著另一波金融危機。這場意外在銀行體系產生後續骨牌效應與連鎖反應，由此暴露了經濟體系的脆弱，業界這才意識到，與銀行業完全無關的事件所引起的連鎖反應，竟然大幅削弱整個體系的信任。

　　大部分遭震毀的建築物都有投保，負責災害理賠的保險公司大多位在大不列顛島上。當時的倫敦是全球金融中心。理賠金支付後，黃金從倫敦流向舊金山。大量黃金突然流出倫敦，導致倫敦的銀行出現擠兌事件，存款人爭相將黃金從銀行體系中抽走。

　　為了阻止黃金持續流出金庫，英格蘭銀行決定升息來鼓勵存款。英國央行決定採取貨幣緊縮政策，後來證實是個錯誤的對策，反倒使英國貨幣市場的壓力倍增。在

流動性枯竭的情況下，銀行帳户持有人不禁擔憂未來無法提領資金。銀行隨後爆發了更為嚴重的擠兌潮。

另一場事件的發生亦使這波金融危機加劇。一群紐約交易商企圖壟斷銅市場。他們決定增加槓桿，利用紐約尼克伯克信託公司（Knickerbocker Trust Company）融資巨額款項。不過，壟斷銅市行動失敗了。貸款收回之際，尼克柏克公司沒有足夠的資金可以抵付，進而引發一連串銀行擠兌事件。尼克柏克公司爆發的擠兌潮持續延燒到其他信託公司，而這些信託公司又與花旗銀行（Citibank）和大通銀行（Chase Bank）等主要銀行緊密相連。舊金山大地震和銅市壟斷事件聯合造成一連串連鎖反應，也使銀行業深陷長期危機。

摩根收到危機消息時，他人正在維吉尼亞州。正值70歲的他是世界上最有權勢的人。他二話不說，搭上自家火車，沿著私人鐵路直奔紐約，在48小時內即坐鎮現場指揮。

摩根指示合作夥伴審查帳簿，以深陷困境的主要銀行和信託公司為首要處理對象。幸好，大部分的問題出在短期流動性，只是短期資產負債錯配（mismatch）的問題。儘管多數銀行的現金有限，不過財務狀況還算穩

——普羅米修斯

定。摩根居中斡旋，同意為具有償付能力的銀行增加必要流動性，至於沒有償付能力的銀行則逕行關閉。在處理危機的過程中，摩根一個人扮演整座中央銀行的角色，其自保行為拯救了整個銀行體系。危機減緩，業界也學到重要的一課。

摩根財團將諸多集體企業和信託公司集結起來，從而形成一套體系，身處其中的摩根財團變得愈發強大，持有的股權更占全經濟體的一大部分。在體系形成過程中，摩根本人儼然成了整個體系的實質掌控者。當所有資產都歸他底下的銀行卡特爾（cartel）組織掌控時，首要任務就是發展能夠保護資產的保險政策。

摩根不得不出手挽救銀行體系的情況，在短短不到15年內就發生兩次，他發誓再也不要重蹈覆轍，也著實上了一課。他明白在危機時刻，流動性不足將使大型銀行再度背負沉重壓力，因此必須成立可靠的中央機構，以便在將來作為負責提供緊急資金的最後貸款者。

摩根開始規劃成立中央銀行，以期由央行承擔最後貸款者的角色。央行體系的設計與籌資方式是規劃重點，因為這將決定摩根和其他權力菁英未來是否有利可圖。中央銀行必須是政府機構，為全美國提供完備的支援和信用，但同時又必須是不受政府監督的獨立機關。**獨立**

性是央行成立的首要條件。有了獨立性，央行即使身為
政府機構也會永遠忠於真正的贊助人，即摩根和世界上
最富裕的大家族。

摩根深知自己必須取得對央行的絕對控制權。這種掌
控權必須由私人擁有，絕不能移交給政客或政府。一旦
喪失掌控權，很可能意味著失去一切。為了使央行同時
保有公共和私營部門的特徵，這當中的盤算與籌劃耗費
他多年的時間，全世界只有最具權勢也最富裕的人才能
共享這些資訊。

1910 年 11 月 22 日，有個私人代表團從紐澤西州霍
博肯市（Hoboken）搭乘火車出發，這群人掌控了世界
四分之一的財富。整趟旅程相當隱密，代表團的成員捨
棄姓氏，改以代號互稱，以免遭人發現他們的身分或其
背後的真正目的。這場任務的同行成員包含國家貨幣委
員會（National Monetary Commission）主席暨參
議員尼爾森・奧爾德里奇（Nelson Aldrich），還有代
表摩根出席的班傑明・史壯（Benjamin Strong），他
在即將成立的聯準會旗下紐約聯邦準備銀行（Federal
Reserve Bank of New York）擔任首任行長。

哲基爾島俱樂部（Jekyll Island Club）是位於喬治
亞州大西洋沿海的私人俱樂部。俱樂部的創始會員以 12

——普羅米修斯

萬 5000 美元買下哲基爾島。俱樂部會員均來自全美最富裕的家族,最著名的是摩根家族、洛克菲勒家族和范德比爾特家族。俱樂部只有 100 名會員,這些人是世界上真正的權力菁英。

11 月的某天晚上,奧爾德里奇在哲基爾島上與其他五人會面,這群人計畫重組美國的銀行體系。與會人士有美國財政部助理部長(Assistant Secretary of the Treasury)皮亞特·安德魯(A. Piatt Andrew)、投資銀行庫恩勒布公司(Kuhn, Loeb & Co.)代表保羅·沃伯格(Paul Warburg)、紐約國家城市銀行(National City Bank of New York)總裁法蘭克·范德里普(Frank Vanderlip)、摩根公司資深合夥人亨利·戴維森(Henry P. Davidson)、摩根控股的紐約第一國民銀行(First National Bank of New York)總裁查爾斯·諾頓(Charles D. Norton),以及代表摩根出席的班傑明·史壯。

在這場秘密聚會舉行多年後,《富比士》雜誌創辦人博泰·查理斯·富比士(Bertie Charles Forbes)寫下這段話:

> 想像一下這樣的場景:全美國有群最頂尖的銀行

家，趁著夜色搭乘私人火車偷偷溜出紐約，飛速南
下數百哩後，接著搭上祕密遊艇，悄悄登陸一座人
煙罕至的小島，島上僅有僕從數名。這幫人在島上
整整待了一週，全程嚴格保密，他們從不直呼彼此
的名諱，深怕遭僕人得知自己的身分，進而使這場
在美國金融史上最詭異、最隱密的考察之旅曝光。
我並不是在譁眾取寵，我將首度向世人公開一則真
實故事：奧爾德里奇貨幣報告的撰寫過程，這份著
名報告是我們建立起新貨幣體系的基礎……每個與
會人士都被叮囑不得張揚。任何後續行動都不能為
大眾所察覺。參議員奧爾德里奇要求大家低調進入
私人火車廂，鐵路方早已獲得指示，將火車停在鮮
少有人經過的月台。好戲上場。號稱無所不在的紐
約記者難得失敗……尼爾森（奧爾德里奇）向亨
利、法蘭克、保羅、皮亞特坦承，為美國成功研擬
出一套有系統的貨幣制度之前，他們將受困在與外
界隔離的哲基爾島上，這就是當今聯邦準備系統的
真正起源，整份計畫都在哲基爾島上完工。

　　這場會議企圖重組美國銀行體系，會議地點特別選在
極為偏僻的哲基爾島俱樂部，由此可見央行成立後將優
先保護哪些對象。聯準會這座神祕殿堂之所以成立，不

——普羅米修斯

過是為了保護這群菁英的財富和權勢。奧爾德里奇和他的同黨在哲基爾島上開會策畫，最終造就了聯準會誕生。

他們計畫成立一個中央機構，也就是國家準備協會（National Reserve Association），該機構將在全美國設立分支機構，而且有權發行貨幣。機構將由董事會控制，董事會主要由銀行家組成。這些銀行家不必對任何政府機構負責，而能聯手掌控新的貨幣供給。

起初，美國國會對這份計畫抱持相當懷疑的態度，認為計畫恐強化大型銀行的權力，以及華爾街的勢力與影響力。最終，該計畫成了現今所熟知的《聯邦準備法》（Federal Reserve Act）。儘管法案備受抨擊，國會仍在 1913 年決議通過。

法案的最終定案是建立中心化的銀行體系，包括十多間地區準備銀行和中央聯邦準備理事會。在 12 間地區銀行當中，最重要的一間準備銀行將永遠留在紐約市。這個計畫允許商業銀行家組成董事會，透過聯邦政府授權，董事會得以像央行般製造貨幣及貸放準備金給私有銀行。閒置的準備金將統一存放在重點位置，以便在必要時迅速分配給流動性差的銀行。這樣的機制促成了**彈性貨幣**（elastic currency），可以依信用需求增加或減少數量。新的國幣（最後定名為聯邦準備券）將自動

與活期存款和黃金相互流通。

聯邦準備銀行的長久成功經營之道,在於它能夠於私人和公共機構間取得微妙的平衡點。聯邦準備銀行是現代自由國家的重要雛型。因此,聯準會必須「獨立於」政治之外。長久以來,正是此種獨立性,才讓聯準會能維持含混不清、遮遮掩掩的行事作風。

聯準會在法案授權下可以鑄幣及發行新貨幣。在金本位制下,黃金供給增加的能力有限,相較起來,中央銀行提供了更為靈活的解決方案。然而,金本位制仍占重要地位,也因此納入了聯準會的框架。《聯邦準備法》要求聯準會須持有「相當於其所發行貨幣價值40%」的黃金。另外,法案也規定聯邦準備券能以每盎司純金等於20.67美元的固定價格兌換成黃金。該規定有意使黃金和聯邦準備券互通使用。

這層原始設計及與黃金的關聯隨著時間逐漸淡忘。摩根本人堅持新貨幣應由黃金擔保。由於銀行終究會對自己名下的大部分資產授予信用,因此對摩根而言,貨幣應以固定黃金量作為價值衡量的標準。摩根曾說:「黃金才是真正的貨幣。」他也確信新貨幣法案會以黃金作為基礎。聯準會的最初設計旨在隨時持有足夠的黃金,以便滿足任何兌換需求。

——普羅米修斯

　　每次想提高黃金持有量，聯準會就會升息，藉此鼓勵美國人民將黃金存放在銀行體系，同時促進外國投資者在美投資，讓黃金流從美國民眾和外國投資人手中轉移到聯準會和會員銀行的金庫裡。反之，每當聯準會降息，黃金就會從聯準會的金庫保險箱流入民眾手裡。這種結構能預防聯準會提供的信用超過黃金擔保，也避免精心策畫的制度再度崩解。整個體系的確切信用總計數將保持浮動，也會不斷經歷擴張與緊縮時期，為了維護聯準會的長期健全，隨時持有 40% 準備金仍屬必要。

回到未來

　　聯準會成立至今已超過百年，現在的聯準會高層大概會表示，黃金在聯邦準備系統裡的意義只剩下「傳統」。摩根深知過度信用擴張的風險，以及因政府公債失控而引發貨幣貶值所帶來的危機。因此，當初設計聯邦準備銀行的結構時，重點在於保持獨立於政治之外，並且以黃金作為擔保。對於身為聯準會幕後推手的摩根來說，黃金才是唯一的真正貨幣。世界各地的中央銀行雖然口頭上宣稱黃金不具任何意義，他們的實際作為又是另外一回事。每個主要央行持有的唯一實質資產就是黃金。全球主要央行在過去十年來已成為黃金的淨買家，自

2008 年起黃金淨購買量增加了上千噸。

約 28 個交易日之後 ────────────

　　中央銀行的成立，有個相當重要的層面是，中央銀行將成為「最後貸款者」。需要特別注意的是，美國在 1893 年和 1906 年經歷了兩輪金融恐慌後，又在 1920 年陷入經濟衰退，最後走向經濟大蕭條，在這些危機時刻，最後貸款者的角色只為了具有償付能力的機構而生。至於表現較差的銀行，其槓桿承受負擔程度已經過高，最終只能走向倒閉一途。銀行須具備一定資格才能接受紓困貸款，定律就是如此。時至今日，令人相當吃驚的是，這樣子的理念已大幅翻轉。今年三月，聯準會決定購入公司債，以及那些信用評等最低的公司債，甚至還有垃圾債券，中央銀行變成了「最先貸款者」。央行的行為變相獎勵道德危險及魯莽的槓桿操作，因為每個人都可以接受紓困。我認為這就叫作公司社會主義。霍華·馬克斯最近很常將一句名言掛在嘴邊：「沒有破產的資本主義，就像沒有地獄的天主教。」整個體制裡總會有公司破產倒閉，否則就稱不上資本主義了。

──普羅米修斯

10
銀行家

*The Banker**

* 電影中文片名為《幕後大亨》

　　危機和戰爭時期是國家最需要擴大信用額度的時候。1914 年 6 月 14 日，波士尼亞革命分子加夫里洛・普林西普（Gavrilo Princip）刺殺奧匈帝國皇儲法蘭茨・斐迪南大公（Franz Ferdinand）和他的夫人，一場危機就此引爆。這次刺殺事件隨後延燒成第一次世界大戰，使剛成立六個月的聯準會首度面臨重大考驗。全球對信用的需求將呈爆炸式增長。

　　第一次世界大戰又稱歐洲戰爭。這場戰爭主要分為同盟國和協約國兩大陣營，德國、奧匈帝國、鄂圖曼土耳其屬於同盟國陣營，法國、大英帝國、俄羅斯、義大利和日本則屬於協約國陣營。美國在一戰爆發的頭兩年半裡並沒有參與戰爭，社會上不斷展開「美國人是否應該參戰」的公共辯論。時任總統伍德羅・威爾遜（Woodrow Wilson）宣布美國保持中立。

　　事實證明，在第一次世界大戰保持中立的政策讓美國發了意外之財。美國向雙方陣營出售原料、軍火、民生用品和其他物資的同時，其國內經濟也隨之繁榮起來。貨物大量出口國外，黃金大舉流入美國。英國和法國在戰爭中投入大量資源，因而陷入沉重的債務負擔。當兩國央行的資金都消耗殆盡之後，他們的政府便轉而向美國人求助。在這場戰爭浩劫中，最大的貸方是摩根財團。

──銀行家

儘管美國官方採取「中立」態度，然而摩根與英國一向
保有深厚聯繫，旗下私營的摩根銀行自然傾向放款給協
約國。約翰‧穆迪（John Moody）在著作《資本大師》
（Masters of Capital）中曾說明摩根涉入戰爭一事：

> 英法兩國不僅用華爾街提供的資金支付物資，他們
> 甚至透過相同的管道進行交易。摩根財團鐵定獲選
> 肩負交易的重任。從此，戰爭為華爾街賦予了全新
> 的角色。時至今日，華爾街已是獨一無二的金融重
> 鎮，也是世界上規模最大的產業中心市場。除了股
> 票與債券交易、鐵路融資及銀行業務中心的相關職
> 務之外，華爾街還開始買賣炮彈、大砲、潛水艇、
> 毛毯、衣物、鞋子、肉類罐頭、小麥等成千上萬種
> 參戰必備物資。

資金流入英國。摩根財團與英國陸軍理事會（British
Army Council）、英國海軍部（Admiralty）簽下高
達 30 億美元的天價合同。隨著戰爭持續進行，摩根財團
每月掌管的軍火訂單總額，相當於前個世代的全球年度
國民生產毛額。摩根公開宣稱自己是和平主義者，他的
公司卻以協約國掮客的身分賺進龐大佣金。

摩根的忠誠態度幾乎使整個摩根財團的事業陷入險境之中。協約國聯軍在戰場上接連失利。1914 年至 1918 年間，一支僅由 21 艘潛艇組成的德國 U 艇船隊擊沉了 5700 艘水面船。眾多英國汽船當中，有四分之一離港後再也沒有返航。德國潛艇強大到能阻斷大英帝國的半數補給，對協約國而言實屬嚴重。時任美國財政部長威廉‧麥卡杜（William McAdoo）在回憶錄中寫道：

> 大洋彼岸瀰漫著英國人民的沮喪氣息，這種喪氣的氛圍將使他們在浩劫中越陷越深。社會各界開始提出合理擔憂：英國恐怕會因飢荒而低聲下氣地投降……2017 年 4 月 27 日，駐英大使瓦爾特‧佩吉（Walter H. Page）向總統密報，不列顛群島的糧食已不足以應付當地人民六到八週的溫飽。

英國即將戰敗的新聞報導在紐約引起極大恐慌。假如德國人贏得勝利，摩根本人和他的公司將損失慘重。他們向英國和法國發放的貸款已逾 15 億美元。這些貸款足以抹殺摩根財團和背後權力菁英的所有利益。

戰爭仍激烈持續，勝利的天秤明顯漸漸向敵方傾斜，協約國急需增援。協約國獲勝的唯一機會，就是美國參

戰。摩根財團需要中立的美國加入協約國陣營。德國潛艇擊沉盧西塔尼亞號（Lusitania）一事恰好成了推手，激起美國人民的參戰情緒。

盧西塔尼亞號是一艘英國客船，專為乘客提供跨大西洋豪華航行服務，船隻大小相當於三年前沉沒的鐵達尼號。1915 年 5 月 7 日星期五，這艘郵輪遭德國魚雷襲擊，在 18 分鐘之內就沉入大海，造成多達 1198 名平民遇難，其中有 128 名美國人。

民用船隻遭到襲擊，再加上美國人民無故遇難，導致美國民意逐漸支持協約國，也掀起了反德情緒。這場沉船事件成為推動美國參戰的必要轉捩點。

愛德華・葛萊芬（G. Edward Griffin）在史詩故事《從哲基爾島來的傢伙》（The Creature from Jekyll Island）中提及，為了保障向協約國貸款的安全，摩根財團的銀行卡特爾策動威爾遜總統參戰。葛萊芬在書中聲稱，這幫人明白必須讓美國人民與協約國站在同一陣線，再設法激起大眾情緒才算大功告成。而無辜美國百姓之死正好發揮關鍵作用。

事發之後，有人發現盧西塔尼亞號夾帶 600 噸硝酸纖維素（火棉）、600 萬發彈藥和 1248 枚榴霰彈，這個發現支持了德國的說法，遭擊沉的實際上是一艘**秘密軍**

艦，而不是民用船。德國人對此感到相當憤怒，主張德國在這場事件中站得住腳，即使船上載有平民乘客，他們仍有權擊沉該艘船隻，認為這就像是把婦女和兒童放到前線會有的結果。然而，德國人的論點未被理睬。全美的怒火已經高漲到無法收拾的地步，美國國會沒辦法平息支持參戰的聲浪。1917 年 4 月 6 日，美國正式向德意志帝國宣戰。在盧西塔尼亞號沉船事件中，受益者顯然是摩根公司及其背後所代表的權力菁英。

　　一旦美國被迫插手戰爭，銀行卡特爾的下個手段就是讓國會負擔所有對協約國的貸款。威爾遜總統正式發表戰爭宣言的一週後，美國國會通過《戰時貸款法》（War Loan Act），向協約國提供 10 億美元的信用貸款。第一筆 2 億美元貸款流入英國後，英國立即用這筆資金償還先前積欠摩根銀行的債務。整筆款項遠遠低於未償還餘額，協約國向摩根透支的資金仍少 4 億美元。美國財政部不願意彌補赤字。

　　對此，紐約聯邦準備銀行首任行長班傑明‧史壯提出解決方案，他打算憑空**創造**貨幣。作家葛萊芬將史壯的解決方案稱為「曼德雷克法」（the Mandrake mechanism），也就是像魔術師曼德雷克一樣，從債務中憑空變出金錢。這套把戲聯準會在第二次世界大戰

——銀行家

也曾使用，甚至沿用到在 100 多年後的今天。聯準會透過「購買債券」創造貨幣，再將新貨幣增加到市面上的貨幣供給。

在戰爭初期，大量黃金準備流入美國人手裡，這是一筆極為龐大的擔保品，也表示摩根財團最終能將新創造的貨幣兌換成黃金，進而使權力菁英更加富裕，在多年以後對聯準會造成挑戰。

1917 年 6 月 14 日，美國第一批步兵團抵達法國，1 萬 4000 名兵力開始戰鬥訓練。幾個月後，共計有 200 多萬名士兵被送往西方戰線。美軍投入的戰力太過雄厚，德軍難以招架。18 個月後，這場戰爭終於在 1918 年 11 月 11 日結束。

第一次世界大戰所上演的融資故事，讓我們一窺央行的起源、沿革和極大權力。**創造**金錢在過去一直是專屬於上帝的能力。這項權力現在則掌握在聯準會手中，而聯準會背後又為摩根財團和銀行卡特爾擔任中間人。聯準會創造新貨幣以貸款給英國和法國，這兩國隨後又拿去償還美國銀行的債務。為此，全球消費者最終都將以更高物價和通貨膨脹的形式付出代價。

第一次世界大戰的結果為美國帶來龐大財富和權力，美國從衝突爆發前的債務國，翻身成為世界上最大的債

權國。這場戰爭也耗盡歐洲超級大國的國力，不僅改變了權力平衡，更改變了黃金持有量平衡，使美國得以坐擁世界上最大的黃金準備量。

摩根財團大概是最大受益者。身為獲勝方的一員，摩根的銀行事業蓬勃發展，現在勢力更是深植全球。摩根財團掌控聯準會，銀行界的權力菁英成為全球有史以來最具權勢的一群人。在接下來的 10 年，歐洲仍竭力從戰爭中復甦，美國則迎來了最繁榮熱鬧的咆哮年代。

回到未來

「曼德雷克法」透過購買債券創造貨幣，這套方法至今仍然適用。過去十年來，聯準會持續憑空變出新貨幣。從 2008 年以來，聯準會的資產負債表已從 8000 億美元擴張到 4.1 兆美元，規模增長了四倍之多。雖然我們不再採用金本位制，但黃金仍然是衡量貨幣的標準，也因此除了美元之外，金價在所有主要貨幣市場都創歷史新高。貨幣將持續貶值下去，但黃金永遠是反映貨幣真正價值的晴雨表。黃金永遠是貨幣制度的真正基礎。

——銀行家

約 28 個交易日之後

　　自 COVID-19 疫情爆發以來，我又認真思考了這一
章，腦海中浮現的一些關鍵詞是「美國情緒平衡」
的重要、「情緒渲染」以及「無辜美國人民之死」
的力量。今天的政治局面猶如 100 多年前，美國的
當務之急又是樹立共同敵人，以利團結。在左右兩
派人馬聯手推波助瀾下，中國貼上「邪惡國家」的
標籤，這個國家製造病毒，放任病毒在無辜又毫無
防備的全球肆虐。隨著 2020 年美國總統大選在即，
這些敵對情緒只會進一步升溫。

　　過去兩個月以來，中央銀行的資產負債表規模大舉
擴張，從 4.1 兆美元擴大到目前的 6.7 兆餘美元，新
的貨幣供給量增加了 50%以上。聯準會應該感到不
幸的是，在當今社會，聯準會所變出的把戲和魔術
師一樣容易看穿。亨利・福特曾語帶告誡，一旦社
會大眾認清貨幣制度的運作方式，他們就會起身反
抗。人民的反抗，無疑會對聯準會的既定結構造成
嚴重威脅。

——銀行家

11
獅子王

The Lion King

美國人在一戰過後的心態，可用名作家威廉・厄內斯特・亨利（William Ernest Henley）的詩句一言以蔽之。他的詩作〈永不屈服〉（Invictus）以強而有力又積極樂觀的句子作結：**我是我命運的主宰、我是我靈魂的主帥**。這兩句詩完美詮釋了美國在戰後的心境，美國人覺得自己所向披靡。

第一次世界大戰考驗了美國在全球的主宰力。如同年輕獅子初次見識自己無與倫比的力量，明白自己身為萬獸之王的尊貴地位，美國已經發展成熟，準備繼承世界強權的寶座。美國冠冕加身不僅僅是個儀式，而是在精神和實際意義上成為強權，得到全世界的認同。美國是權力不容置疑的新王。

一戰總計造成 4000 萬人傷亡，死亡人數 1700 萬，受傷人數 2300 多萬，相較之下，美國的傷亡人數比較輕微。美國有將近 500 萬人投入戰爭，但只有 11 萬 6516 人死亡，其中大多人死於疾病，而非戰死沙場。相較於美國幾乎毫髮無傷，歐洲則是遭到重創，四個帝國瓦解，新國家建立，舊國家不復存在。

數百年來，世界金融中心一直在英格蘭的倫敦，現在薪火越過大西洋來到紐約，紐約接棒成為新的世界金融中心，全國上下洋溢著美式的活力和樂觀，經濟如派對

——獅子王

般蓬勃發展。這場經濟派對的幕後推手與金主，就是全
球最有權勢的銀行家——摩根財團。

摩根財團的大家長 JP・摩根於 1913 年過世，他私底
下苦心經營建立的中央銀行，直到他過世六個月後才得
到國會批准。他的心血結晶留存到今日。摩根財團在戰
前就已大權在握，他們的財富更在戰後水漲船高。戰利
品屬於勝者。摩根與他麾下的銀行卡特爾支持了獲勝的
協約國，新獲得的財富使他們富可敵國，成為名符其實
的美國君王。

1920 年，摩根一手策畫的聯準會才剛起步七年，尚
未面臨大風大浪。戰後經濟蓬勃發展，美國國庫在 1917
年籌錢還清摩根財團的債款後，便幾乎不需要央行的干
預或支援。這群新掌舵的世界銀行家，打算航向擴張財
富的航道。世界正在接受改變，美國年輕人正是改變的
領航者，摩根財團的銀行家則會提供擴張所需的**信用貸
款**。

戰爭造就了量產工業大革新，這次轉型橫跨多種產
業，包括電影、廣播和化學工業。當然，對未來影響最
深遠的就屬汽車工業。這是史上第一次，只是離開居住
地外出旅行，就改變了美國的面貌。一戰之前，汽車是

有錢人專屬的奢侈品。福特汽車創辦者亨利‧福特的生產線有效降低生產成本，因此人人都有汽車開。

10 年前需要花費 12 小時生產的物品，現在只需 90 分鐘就製造完畢，因此福特得以大量生產汽車，一方面把當時汽車的平均售價壓到 290 美元，約等於勞動階級不到三個月的薪水。汽車也帶動了橡膠、玻璃、鋼鐵和石油工業發展。商業發展遍地開花，人人都有賺錢的機會。

雖然汽車變便宜了，一般人還是需要籌措資金購車，此時銀行家和汽車公司發現自己站在全新金融市場的第一線：消費者貸款。1920 年代，消費者貸款數量暴漲，汽車、電力技術和電話成為新消費經濟的象徵。到了 1930 年，全美超過一半的家庭都有電話。隨著電力普及，冰箱、洗衣機、烤麵包機和吸塵器等家電，迅速進入全美國的家庭。奢侈生活在中產階級眼中不再遙不可及，摩根財團的銀行家提供的貸款，足夠讓一般美國家庭過上舒適的生活。

戰爭引發的另一大改變，就是女性爭取投票權的運動，全球女性在這場抗爭中攜手合作。美國女性投身國防工業和軍火生產，從事傳統上專屬男性的工作。女性大量的支持與參與，說服了美國人，認為女性公民應當

——獅子王

享有投票權。

　美國經濟發展得以蒸蒸日上，女性可說是扮演了重要推手。女性加入貸款人行列之後，市場似乎一夜之間膨脹兩倍，以分期付款銷售的家電，多了更多買家。女性特別喜愛因量產而變得經濟實惠的成衣，百貨公司則讓女性得以有效掌握家電和服飾的價格。1919 年，田納西第一女性銀行（The First Women's Bank of Tennessee）開幕，這是一間專為女性服務的銀行。

　「立即享受，之後付款」成為中產階級的新座右銘，幾乎所有人都可以無後顧之憂地分期付款。隨著信貸擴張，借貸標準也變寬鬆。購買大量或昂貴物品時曾要支付可觀的頭期款，現在可以拆成每個月輕鬆支付。最大宗的分期付款交易非汽車莫屬，到了 1920 年代末期，每年售出的汽車中有一半都是分期付款交易。

　美國 1920 年代以前的法律，是藉由限制債務利息來限制銀行家擴張貸款。大部分的州都實行**高利貸取締法**，將銀行的消費者貸款平均利息控制在 10%。1916 年，《統一小額貸款法》（Uniform Small Loan Act）通過，取得特別許可的放款人可以收取較高利息，最高達 36%。貸款法規的變動恰逢咆哮的 20 年代（Roaring

Twenties）開始，因此接下來 10 年間提供的貸款得以**雙倍**成長。

　　新法規對華爾街而言如天降大禮。新貸款憑空生出新財富，這些財富最終會流入新興信託銀行和公司的口袋，幾乎不會漏掉一分一毫。隨著經濟蓬勃發展、貸款數量暴增，華爾街的財富直線竄升，摩根財團和權力菁英的資產，更是暴增到無人能敵的境界。

　　摩根財團的繼承人傑克・摩根（Jack Morgan），如君王般帶領集團走過十載，他也十分樂在其中。1922年，傑克・摩根將修復的科普特（Coptic）手稿贈與教宗庇護十一世時，就說道：「據我所知，我這份特別的工作再有趣不過了，比當國王、教宗或首相更有意思，因為沒人可以攆走我，我也不必向規矩妥協。」

　　這些例子完美證明了，當經濟成長遇上慧眼獨具的銀行家，成果就是景氣繁榮。可惜物極必反，太多好東西反而變成壞事。咆哮的 20 年代擴張的貸款讓美國愈加貪婪，股市在接下來十年間增長 400%。一般勞工掉入汽車與高價消費品的陷阱，為了購買而去借款，華爾街的商業巨頭則笑看自己的財富不斷膨脹。富人與勞工階級的差距越來越大，前所未見。

　　美國經濟繁榮昌盛，歐洲卻飽受折磨。戰後的英國經

——獅子王

濟一敗塗地，英國人仰賴美國製造的商品，英鎊對美元
貶值，使得美國商品對英國消費者而言更加昂貴。此現
象也促使美國從歐洲國家的過度負債獲利，經濟持續成
長。

英國一直與摩根財團關係密切，因此也與早期的聯準
會交好。摩根財團不只在一戰期間私下資助協約國，戰
後更將復甦英國視為首要之務，重要性遠大於其他歐洲
國家。班傑明·史壯為首任聯準會總裁，他在倫敦擁有
深厚人脈，大多時間都在國外。他與新任英格蘭銀行總
裁蒙塔古·諾曼（Montagu Norman）交情匪淺，兩人
最重要的成就，便是在戰後協助英國復甦。

他們主要關切的問題，是英國因為投入戰爭導致大
量黃金外流。兩位央行總裁費了一番功夫，思量如何復
甦衰弱的英國霸權，兩人一致認同黃金是關鍵。為了讓
黃金回流，史壯和諾曼決定調降美國的利率。卡羅·奎
格利（Carroll Quigley）在他的著作《悲劇與希望：我
們時代的世界史》（Tragedy and Hope, A History of
the World in Our Time）寫道：

諾曼有一位忠誠的夥伴，就是班傑明·史壯。在

1920 年代，他們共同決定利用英國與美國的經濟
力量，迫使各大國採用黃金本位制度（價值配合英
格蘭的需要而設立），並且由各國中央銀行掌控，
不受任何政治力量和政府干預。

1924 年，時任美國財政部長的安德魯‧美隆
（Andrew Mellon）寫道，為了提升美國商品對英國的
相對價格而調降利率，是多麼重要：

> 目前英國在國際上的物價，整體而言比我們高了大
> 約一成，英國接下來重建黃金支付的預備工作之
> 一，就是在實行幣制改革前逐步重新調整物價水
> 準……我們必須一肩扛起重新調整造成的負擔，更
> 勝英國。英格蘭銀行在政治和社會方面，都更難應
> 付英格蘭的價格清算……因為他們的貿易低落，而
> 且有超過一百萬人正在接受政府救濟。

聯準會完成此次「重新調整」的方法，就是透過購買
政府債券調降利率，此舉讓聯準會的資產負債表增加 4
億 4500 萬美元。與此同時，折現率從 4% 降到 3.5%，
讓美國的銀行得以發行更多貸款。1924 至 1930 年間創

——獅子王

造的新財富，總計達到 100 億美元。（2019 年 11 月，聯準會的資產負債表則在一天內增加 730 億美元。）

一如預期，聯準會的貨幣政策讓美國人囤積的黃金大量流到海外。低利率和低貸款門檻，進一步助長證券市場的投機行為，因為所需花費越來越少，而產生越來越多槓桿。1929 年時，失望的聯準會一等秘書帕克‧威力斯（Parker Willis），在《北大西洋期刊》（North Atlantic Review）的文章中寫道：

1926 年秋天，一群銀行家齊聚華盛頓酒店，一位享譽盛名的銀行家亦在此列。其中一人提問，現在的低折現率是否沒辦法促進證券投機。「沒錯。」上述那位身分顯赫的銀行家回答，「確實如此，但我們愛莫能助。這是我們為了幫助歐洲必須付出的代價。」

那位銀行家就是在倫敦待了大半年的傑克‧摩根。聯準會在史壯的帶領下按照摩根的意思運作，這點無庸置疑，而相較於美國因寬鬆貨幣政策造成的道德風險，摩根顯然更在乎英國的財務狀況。重要的是，低利息可不是為了做慈善。貨幣政策越寬鬆，華爾街的投機操作越多，權力菁英中飽私囊的財富就越多。

資助了美國消費者的貸款，還有促成股票市場資產泡沫化的槓桿，都讓大筆財富一分未失地進了華爾街銀行家的口袋。這些新消費者是規模日益龐大的中產階級，他們並不清楚信貸擴張的負面效應，以及對未來生產力的消耗。市場崩盤時，他們便毫不知情地成了代罪羔羊。

聯準會的建立，讓信貸得以極力擴張。每多一分錢，銀行就會創造 10 倍的財富。信貸擴張對銀行業而言極為有利。一戰結束後十餘年，證券交易商數量倍增，一開始約 250 間，1929 年時已經超過 6500 間。不只權勢滔天的銀行家坐享央行政策帶來的效益，小型交易商和金融機構更如雨後春筍般出現，而這些「春筍」便是日後扼殺整個系統的關鍵。

證券市場活躍興盛，再加上聯準會一手促成的低利率，讓企業更易於借款購回股份，使自己的股票增值，進而借更多錢。市場上一時現金橫流。

摩根一手策劃整起計畫，他麾下的銀行和聯邦準備銀行隨之起舞。他們創造出信貸怪獸，在毫無約束的情況下讓這頭怪獸越長越失控。低利率助長而成的風險樂園，讓小型零售銀行和私人放款人數目暴增。1920 年代的利率越來越低，讓這些新興銀行家放出更多貸款，貸款則

——獅子王

直接投入股票市場的投機活動。隨著股票和證券交易越來越興盛，新興銀行家也渴望獲得更多財富。

聯準會為了幫英國度過難關而調降利率，造成寬鬆貨幣陷入自我複製的循環，進而導致更多槓桿作用、更多保證金借款和更多壞帳。財富從有形資產轉而投入金融市場。股票和債券價值一飛沖天，商品和有形資產價值則一落千丈。

對當時的分析師而言，可使用的現金量是力量的象徵，而不是生產性投資機會減少的預兆。**股市崩盤前一天**，《華爾街日報》報導：「大量的金錢等待投資，數萬名投資客等待機會購買股票。」

美國在 1920 年代末蓬勃發展的市場，與其他國家的市場狀況不相符，德國的市場在 1927 年攀上高峰，英國是在 1928 年，法國則是在 1929 年初。股市崩盤前不久，經濟學家歐文・費雪（Irving Fisher）表示：「**股價似乎達到了永久高峰。**」但此番評論出現的時間實在不巧，因此名留青史。看似永遠在飆升的股價催眠整個市場，最後迎來崩盤。

美國股市拋售從 1929 年 10 月 24 日開始，也就是著名的「黑色星期四」。在股市興盛期間，讓股市一路飆

升的槓桿自我複製循環，隨著股票拋售，成為令人窒息的絞繩。1929 年的股市崩盤，是流動性風險一次慘痛的教訓。追繳保證金讓利用借債槓桿的賣家售出更多股票，創造必要的流動性。出售只會造成更多出售，進而導致恐慌而引起更多出售，造成流動性枯竭。黑色星期四當天創下 1600 萬的股票交易紀錄。不幸的是，拋售一直持續到下個週一和週二。道瓊指數在九月達到 381 點，10 月 29 日星期二時下滑至 230 點，跌幅達到四成。

1929 年的股災，常被視為造成經濟大蕭條的元兇，也因為戲劇化的過程成為眾矢之的，但苦難並非一天造成。真正的原因是在接下來的幾年間形成，因為消費者的花費和投資減少，造成工業生產量大幅下滑。經濟大蕭條在 1933 年直探谷底，當時全國將近一半的銀行倒閉，超過 1500 萬名美國人失業。

債務擴張的負面效應是大量違約拖欠。債務成長讓人以為實際狀況承受得了。隨著生產速度持續下滑，債務成為一大問題。債務無法償還造成違約，擴及全球的債務拖欠造成經濟大蕭條。

寬鬆貨幣政策更陰暗的一面，就是加速財富不均。利率降低，財富擴張，更多錢財流入投資階級的口袋，富人越富使得窮人越窮。

——獅子王

　　歷史上每一場革命都奠基於不平等。痛苦會催生革命，經濟衰退導致的痛苦造成集體思維轉變，權力菁英最終因自己管理不善而飽嚐苦頭。股市崩盤和接下來幾年的經濟崩潰，加速了強勢銀行家的倒臺。若說咆哮的 20 年代幫助銀行家事業蒸蒸日上，蕭條的 30 年代便見證了銀行家的消亡。憤怒的選民痛斥華爾街，貨幣兌換商無法掌控原先的體制。隨著經濟大蕭條造成的民怨與痛苦加劇，聯準會失去他們最寶貴的資產——**獨立性**，直到將近 50 年後才重新奪回。

回到未來

　　歷史會重演。我們如今的境地，與 90 年前全球面臨的景況幾乎相同。股權市場在 1920 年代歷經**四次爆炸成長**，近 10 年來也歷經類似的**四次成長**。值得注意的是，美國經濟在 1920 年代蓬勃成長時，其他國家景氣低迷。最近幾年也重演這個情況，全球經濟不景氣，美國市場卻持續高漲。若下一次大規模經濟衰退襲來，我們知道華爾街將難辭其咎。

約 28 個交易日之後 ——————————————

我覺得「集體思維」這個概念很有意思。一戰結束後，美國人的心態是如日中天的年輕人，在精神上和實際上皆是。他們心態如此強盛，是因為美國是全世界的債權人。2020 年 2 月 26 日至 5 月 6 日，聯準會的資產負債表增加 2 兆 6000 億美元，國內的債務和赤字飆升。現在新的集體思維是認為債務和赤字毋須擔心，因此大貶值才讓我們如此不安。我們心裡明白，沒有債務讓我們自由無比，債臺高築則讓我們彷彿身陷囹圄、無法翻身。

——獅子王

12
錢坑

The Money Pit

　　聯邦準備銀行對 1929 年股災的回應，飽受現今總裁的批評。在 2002 年一場紀念經濟學者米爾頓‧傅利曼（Milton Friedman）的研討會上，未來的聯準會總裁班‧貝南克說道：「您說得對，是我們的錯。我們十分抱歉，但多虧了您，我們絕不會重蹈覆轍。」以此回應傅利曼將經濟大蕭條歸咎於央行失策的說法。

　　聯準會在 1929 年最需要的，就是首任總裁班傑明‧史壯的帶領，但他在 1928 年逝世，讓聯準會一時之間群龍無首。史壯了解急速膨脹的貸款帶來的風險，也經常要求提高利率以遏止源源不絕的投機行為。

　　聯邦準備系統原先的設計是成為銀行業的最終貸款者，卻不幸徹底喪失這個作用。1933 年，超過 5000 家銀行先後倒閉。在當時，淘汰弱勢銀行應該是聯邦準備系統的重要功能之一。聯準會當初是為了保護摩根財團而創，但摩根財團並非華爾街投機活動的主要參與者。事實上，規模較大的銀行在崩盤危機中雖然受損，但不至於分崩離析。從聯準會的角度來看，小型金融機構的損耗是在意料之中，卻不必出手相救。

　　因此，華爾街一開始承受得住股市崩盤。大型銀行卡特爾雖然損失財富，卻仍然富可敵國。但是如蕈類般依附他們成長的小型零售銀行倒閉時，他們卻犯下最致命

——錢坑

的錯誤，就是見死不救。隨著小銀行倒閉，數千萬美國人在毫無防備的情況下，看著存款一點一滴蒸發。大部分的人都將積蓄存在當地銀行，擠兌潮來得又快又猛。接下來的經濟困境，造成社會的集體思維轉變。不論原因為何，其造成的結果最終奪走了聯準會的獨立地位。

這場危機的核心，是美元與黃金的價值差別逐漸擴大，理論上這兩者應當是相同的。聯準會的規定是要求美元以黃金作為擔保，而且美元與黃金的價值應當相等。但 1920 年代的信貸擴張，造成整體貨幣供應量大幅成長，黃金供應量卻沒有相應提升。隨著美元貶值，更多儲戶將現金轉為黃金。儲戶提領的黃金超出銀行庫存，在無法負荷提領需求的情況下，全國的銀行開始一家一家倒閉。

債務泡泡和股市崩盤並非新鮮事。綜觀歷史，人類一直在重蹈覆轍，相同的問題已經困擾中央決策者幾千年。西元前 405 年，亞里斯多芬（Aristophanes）在《蛙》（The Frogs）一劇中，就曾告誡「劣幣逐良幣」的危險：

> 我時常想著，這座城市對待優秀公民
> 與對待錢財如出一轍

她有古老而優質的銀幣和新造而優質的金幣
這些錢幣質地精純
我們希臘人和遠方的巴巴里人皆知
金幣銀幣鑄造精良、重量均等
我們卻從不使用！總是使用其他錢幣
不久前用扭曲烙鐵鑄造的劣質銅幣
我們有那些有道德、無可挑剔、品格高貴的人
受過良好音樂和摔角訓練，參與合唱和競賽的人
我們卻為了劣質銅幣般的人排斥這些人……

　　「劣幣逐良幣」的概念，是由 16 世紀的皇室顧問格雷欣爵士（Sir Thomas Gresham）向伊莉莎白一世提出，用以解釋她父親亨利八世降低貨幣「先令」的品質後，會面臨的問題。亨利八世鑄幣時減少了四成的含銀量，在不提高稅收的情況下增加政府收入。「劣幣逐良幣」的概念日後便又稱為「**格雷欣法則**」。

　　亨利八世下令，錢幣的銀純度從 92.5% 減少至 25%，減少的部分以便宜金屬取代。1544 年的都鐸王朝貨幣大貶值中，錢幣的金含量也從 23 克拉減少至 20 克拉。

　　亨利八世的作法在歷史上並不少見。羅馬帝國的衰

——錢坑

亡，其中一個原因就是金幣和銀幣貶值。羅馬帝國前
220 年的主要貨幣是第納爾銀幣（denarius），原本
含有 4.5 公克的銀。但銀礦供應量有限，限制了第納爾
銀幣的鑄造量，古羅馬人的解決方式就是持續減少錢
幣中的銀含量。到了西元 175 年奧理略皇帝（Marcus
Aurelius）統治時期，錢幣中的銀含量已從 99% 下降至
75%。西元 265 年，加利恩努斯皇帝（Gallienus）在
位期間，改成在銅幣外面鍍上薄薄一層銀，錢幣的銀含
量只剩 5%。三年後，錢幣中只剩下 0.5% 的銀。

　　壓垮羅馬帝國的最後一根稻草，就是士兵在貨幣貶值
後要求加薪，最後拒絕接受國家以貶值貨幣支付的薪水。
（請特別注意帝國滅亡前貨幣貶值的速度。羅馬帝國的
最後三年，幣值下跌九成。若類似的貶值放到今天，黃
金價格大約會是一盎司 1 萬 5 千美元。）

　　貨幣貶值讓人民損失財富。格雷欣爵士告訴女王，純
度不同的貨幣流通時，純度最低的貨幣會驅逐純度較高
的貨幣。人民會「囤積」純度較高的貨幣，貶值的貨幣
則在市面上流通，人民也會用貶值貨幣繳稅。最後市面
上只會剩下貶值的貨幣。

　　1930 年代初期就是格雷欣法則的最佳例證。銀行儲
戶將現金轉為黃金，人民囤積黃金導致銀行大量倒閉，

大量囤積黃金也形成經濟阻力。經濟發展需要錢幣流通，隨著人民持續提領和囤積黃金，經濟發展逐漸停滯，大蕭條情況加劇。景氣持續蕭條，讓銀行系統失去最關鍵的要素：信任。

回到未來

　　政府決定貶值貨幣，都是為了解決無法償還的債務，有史以來都是如此解決。史上每個龐大帝國，都因為無法償還債務而衰亡。發生這種情況時，政府只能把希望寄託在百姓的一無所知。有多少人 20 年來專注於股票投資？我們的目光都集中在居高不下的股票市場，看見股價不斷飆漲的輝煌景象，卻沒發現隨之而來的債務才真是如山一般高，此時金價遠遠超過史上最高的股價，比率來到二比一。股價在 20 年內成長 250%，金價則成長 500%，也就表示幣值急遽下滑。雖然道瓊指數高漲，我們的財富卻減少了五成。

約 28 個交易日之後

　　10 年前，社會還覺得通膨這件事遙不可及。當時擔憂的問題不是通膨，而是通縮，至少直到前幾個月

——錢坑

還是如此。才幾週的工夫，央行的資產負債表就增加了五成，由此可知現在真正要擔心的是發生通膨。若央行成為銀行業的「第一」貸款者，通膨就勢在必行。

——錢坑

13
美滿人生

*It's a Wonderful Life**

* 電影中文片名為《風雲人物》

經濟大蕭條讓民主黨的小羅斯福在 1932 年的總統選舉中，大勝當時在任的胡佛總統。小羅斯福總統贏得東北部每一州的選票，更贏得 57% 的全國普選票，為民主黨寫下新歷史。

小羅斯福在競選時承諾為美國人實施改革，史稱羅斯福新政（New Deal），與胡佛的保護主義政策背道而馳。小羅斯福接受民主黨提名時表示：「我們必須成為思想自由、行動縝密、具有開明國際視野的政黨，為最多數的人民謀取最大福祉。」他的新政推動金融改革、公共建設，以及根據 3R 核心「救濟（relief）、復興（recovery）、改革（reform）」制定政策，解決經濟大蕭條的窘境。

僅僅四年前，新政的概念在許多人眼中是很偏激的。1928 年，立場完全相反的共和黨候選人胡佛贏得壓倒性勝利。胡佛靠著**保護主義**和將美國勞工「放在第一位」取勝，為了實現承諾，胡佛在 1930 年推行《斯姆特── 霍利關稅法》（Smoot-Hawley Tariff Act），對超過 12 萬 5000 件進口商品徵稅。這些保護主義政策一開始的確讓美國的經濟蒸蒸日上，1928 年和 1929 年的美國經濟蓬勃成長，其餘國家則飽受衰退之苦。但不久之後，這些政策也造成美國經濟急轉直下。

──美滿人生

　　1933 年 2 月，密西根的銀行關閉，展開長達 80 天的休假。此舉造成人民恐慌，唯恐其他銀行跟進。小羅斯福總統就職當天，德拉瓦州成為第 48 個，也是最後一個關閉銀行的州。

　　小羅斯福總統於 1933 年 3 月 4 日就職，就任首週就忙於解決席捲全美的銀行關閉事件。就職兩天後，小羅斯福立即宣布**全國銀行放假四天**，直到國會採取下一步行動。3 月 9 日，《緊急銀行法》（Emergency Banking Act）通過，明定聯準會無上限發行貨幣，讓銀行得以重新開業，所有存款都有**百分之百的存款保險擔保**。這項提案在一團混亂中提出，一百多名新上任的民主黨議員首次進入國會，恨不得立刻通過能解決銀行倒閉危機的法案。當時情況緊迫，所以只準備了一份法案副本，銀行委員會主席亨利‧史帝格（Henry Steagall）手拿唯一的副本，向新組成的國會大聲朗讀法案內容。

　　新興的廣播技術成為小羅斯福的助力，讓他得以透過歷任總統未使用過的方式，直接向美國人民喊話，這就是著名的「爐邊談話」。小羅斯福透過廣播解釋他的政策並弭平謠言，他面對危機時泰然自若、胸有成竹的模

樣，成為小羅斯福傳奇色彩中最深入人心的形象。他的爐邊談話效果卓著，撫平全國上下的躁動不安，而且他的緊急政策奏效了。1933 年 3 月 9 日銀行重新開張時，當初提領現金和黃金的儲戶又在銀行前大排長龍，將超過半數的積蓄重新存回銀行。當天股市出現史上最佳的單日漲幅，一天之內成長 15%。

雖然銀行機構顯現復甦跡象，卻仍有一項潛藏的根本問題懸而未決。儲戶從銀行領走黃金，繼續囤積，格雷欣法則的現象仍然存在。「劣幣」美元仍在將「良幣」黃金逐出經濟體系，必須大刀闊斧解決黃金問題。

一個月後，小羅斯福通過《第 6102 號行政命令》（Executive Order 6102），禁止美國人民私自擁有黃金（報紙原文見下頁圖 13.1）。

頒布行政命令的理由是「囤積黃金」造成經濟發展緩慢、阻礙經濟成長、加劇經濟衰退。小羅斯福將囤積黃金定調為「非美國精神」的行為，在本質上將對國家經濟的信心轉化為愛國情操。此行政命令位同法律，不需要受國會或司法機關監督或核准。

小羅斯福的真正目的，是解除聯準會增加貨幣供應的限制。行政命令要求人民上繳金條和黃金證書給隸屬聯邦準備系統的銀行，就是為了幫聯準會紓困。但接受紓

——美滿人生

圖 13.1 小羅斯福總統的《第 6102 號行政命令》

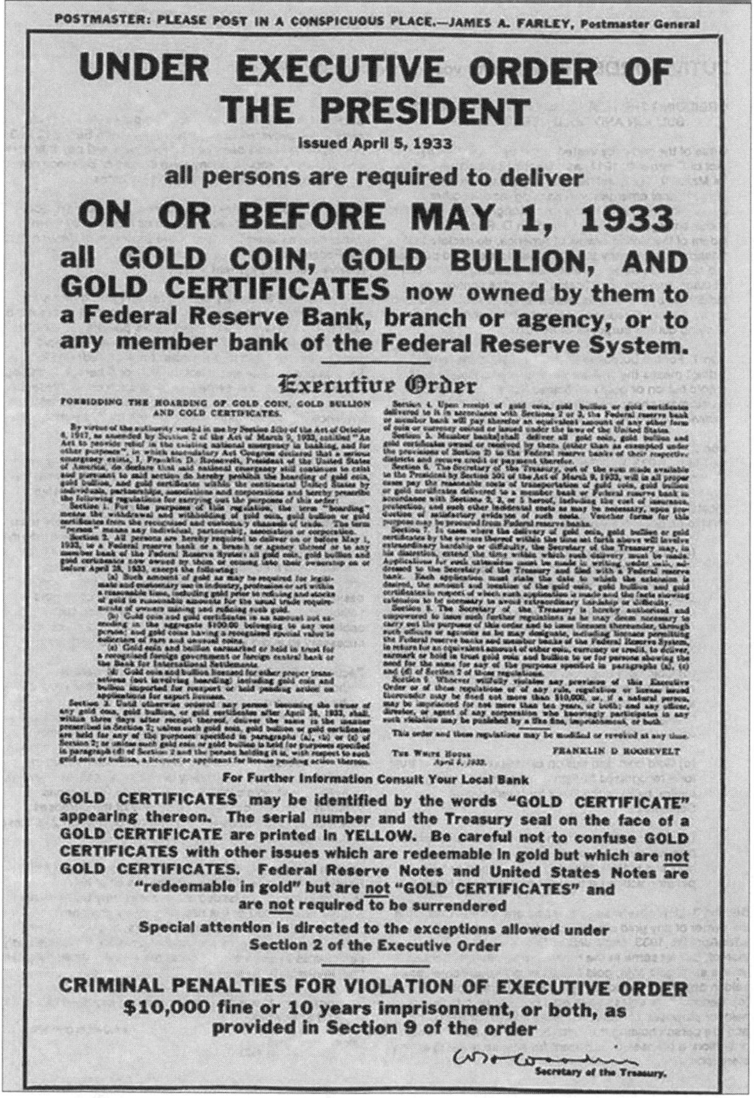

POSTMASTER: PLEASE POST IN A CONSPICUOUS PLACE.—JAMES A. FARLEY, Postmaster General

UNDER EXECUTIVE ORDER OF THE PRESIDENT

issued April 5, 1933

all persons are required to deliver

ON OR BEFORE MAY 1, 1933

all GOLD COIN, GOLD BULLION, AND GOLD CERTIFICATES now owned by them to a Federal Reserve Bank, branch or agency, or to any member bank of the Federal Reserve System.

Executive Order

FORBIDDING THE HOARDING OF GOLD COIN, GOLD BULLION AND GOLD CERTIFICATES.

By virtue of the authority vested in me by Section 5(b) of the Act of October 6, 1917, as amended by Section 2 of the Act of March 9, 1933, entitled "An Act to provide relief in the existing national emergency in banking, and for other purposes", in which amendatory Act Congress declared that a serious emergency exists, I, Franklin D. Roosevelt, President of the United States of America, do declare that said national emergency still continues to exist and pursuant to said section do hereby prohibit the hoarding of gold coin, gold bullion, and gold certificates within the continental United States by individuals, partnerships, associations and corporations and hereby prescribe the following regulations for carrying out the purposes of this order:

Section 1. For the purposes of this regulation, the term "hoarding" means the withdrawal and withholding of gold coin, gold bullion or gold certificates from the recognized and customary channels of trade. The term "person" means any individual, partnership, association or corporation.

Section 2. All persons are hereby required to deliver on or before May 1, 1933, to a Federal reserve bank or a branch or agency thereof or to any member bank of the Federal Reserve System all gold coin, gold bullion and gold certificates now owned by them or coming into their ownership on or before April 28, 1933, except the following:

(a) Such amount of gold as may be required for legitimate and customary use in industry, profession or art within a reasonable time, including gold prior to refining and stocks of gold in reasonable amounts for the usual trade requirements of owners mining and refining such gold.

(b) Gold coin and gold certificates in an amount not exceeding in the aggregate $100.00 belonging to any one person; and gold coins having a recognized special value to collectors of rare and unusual coins.

(c) Gold coin and bullion earmarked or held in trust for a recognized foreign government or foreign central bank or the Bank for International Settlements.

(d) Gold coin and bullion licensed for other proper transactions (not involving hoarding) including gold coin and bullion imported for reexport or held pending action on applications for export licenses.

Section 3. Until otherwise ordered any person becoming the owner of any gold coin, gold bullion, or gold certificates after April 28, 1933, shall, within three days after receipt thereof, deliver the same in the manner prescribed in Section 2; unless such gold coin, gold bullion or gold certificates are held for any of the purposes specified in paragraphs (a), (b) or (c) of Section 2; or unless such gold coin or gold bullion is held for purposes specified in paragraph (d) of Section 2 and the person holding it is, with respect to such gold coin or bullion, a licensee or applicant for license pending action thereon.

Section 4. Upon receipt of gold coin, gold bullion or gold certificates delivered to it in accordance with Sections 2 or 3, the Federal reserve bank or member bank will pay therefor an equivalent amount of any other form of coin or currency coined or issued under the laws of the United States.

Section 5. Member banks shall deliver all gold coin, gold bullion and gold certificates owned or received by them (other than as exempted under the provisions of Section 2) to the Federal reserve banks of their respective districts and receive credit or payment therefor.

Section 6. The Secretary of the Treasury, out of the sum made available to the President by Section 501 of the Act of March 9, 1933, will in all proper cases pay the reasonable costs of transportation of gold coin, gold bullion or gold certificates delivered to a member bank or Federal reserve bank in accordance with Sections 2, 3, or 5 hereof, including the cost of insurance, protection, and such other incidental costs as may be necessary, upon production of satisfactory evidence of such costs. Voucher forms for this purpose may be procured from Federal reserve banks.

Section 7. In cases where the delivery of gold coin, gold bullion or gold certificates by the owners thereof within the time set forth above will involve extraordinary hardship or difficulty, the Secretary of the Treasury may, in his discretion, extend the time within which such delivery must be made. Applications for such extensions must be made in writing under oath, addressed to the Secretary of the Treasury and filed with a Federal reserve bank. Each application must state the date to which the extension is desired, the amount and location of the gold coin, gold bullion and gold certificates in respect of which such application is made and the facts showing extension to be necessary to avoid extraordinary hardship or difficulty.

Section 8. The Secretary of the Treasury is hereby authorized and empowered to issue such further regulations as he may deem necessary to carry out the purposes of this order and to issue licenses thereunder, through such officers or agencies as he may designate, including licenses permitting the Federal reserve banks and member banks of the Federal Reserve System, in return for an equivalent amount of other coin, currency or credit, to deliver, earmark or hold in trust gold coin and bullion to or for persons showing the need for the same for any of the purposes specified in paragraphs (a), (c) and (d) of Section 2 of these regulations.

Section 9. Whoever willfully violates any provision of this Executive Order or of these regulations or of any rule, regulation or license issued thereunder may be fined not more than $10,000, or, if a natural person, may be imprisoned for not more than ten years, or both; and any officer, director, or agent of any corporation who knowingly participates in any such violation may be punished by a like fine, imprisonment, or both.

This order and these regulations may be modified or revoked at any time.

THE WHITE HOUSE
April 5, 1933.

FRANKLIN D ROOSEVELT

For Further Information Consult Your Local Bank

GOLD CERTIFICATES may be identified by the words "GOLD CERTIFICATE" appearing thereon. The serial number and the Treasury seal on the face of a GOLD CERTIFICATE are printed in YELLOW. Be careful not to confuse GOLD CERTIFICATES with other issues which are redeemable in gold but which are not GOLD CERTIFICATES. Federal Reserve Notes and United States Notes are "redeemable in gold" but are not "GOLD CERTIFICATES" and are not required to be surrendered

Special attention is directed to the exceptions allowed under Section 2 of the Executive Order

CRIMINAL PENALTIES FOR VIOLATION OF EXECUTIVE ORDER $10,000 fine or 10 years imprisonment, or both, as provided in Section 9 of the order

Secretary of the Treasury.

困就要付出代價，聯準會為此被迫放棄它的「獨立性」。

但這是漸進的過程。一開始，只有少數人要求徹底改革整個系統。直到費迪南・裴科拉（Ferdinand Pecora）法官率領參議員組成裴科拉委員會（Pecora Commission），調查出華爾街股災的原因，批評聲浪才轉向華爾街銀行家與聯準會。裴科拉委員會披露大量銀行與相關組織的弊端，包括**利益衝突、為不安全的證券擔保、聯合操作**等，以不正當方式抬升銀行股價。聽證會在 1934 年 5 月 4 日落幕，而後裴科拉接受派任成為第一任證管會（Securities and Exchange Commission，SEC）主委。

委員會也揭露銀行家承擔了拉丁美洲的貸款，再將債務綑綁成債券，把這些有毒資產作為證券銷售給客戶。股市的「黑箱」操作曝光，促使羅斯福**新政**的金融法徹底重整美國的金融系統。

《格拉斯—史帝格法》（Glass-Steagall Act）就是其中之一，法案名稱取自起草人卡特・格拉斯（Carter Glass）和亨利・史帝格。這條法案將銀行分為商業銀行與投資銀行兩類，避免投資銀行和證券公司動用儲戶存款，也禁止隸屬準備系統的銀行為自己和客戶交易和購

買證券。這條法案有效阻止了公共貸款機構成為股市的
投機客，法案通過時徹底撼動了華爾街與摩根財團。（許
多人認為 1999 年廢除《格拉斯—史帝格法》造就了銀行
收益蒸蒸日上，也是次級房貸危機的肇因。）

　　《格拉斯—史帝格法》通過後，緊接而來的是**全球貨
幣貶值**。1934 年，美國國會通過《黃金準備法》（Gold
Reserve Act），直接將金價從 20 美元提升至 35 美元。
調整黃金價格表示全球貨幣將在一夜之間貶值。許多人
譴責這項政策違法，貶值則讓全球經濟通縮。股市在
1933 年直探谷底後，接下來的三年回復了 200%。

　　小羅斯福發布行政命令召回黃金，此舉成為美國未來
主宰世界經濟的核心支柱。人民的黃金流入國庫，讓美
國成為全球最大的黃金供應者，其持有黃金量逾兩萬公
噸，占全球總量的四分之三。擁有大量黃金讓美國得以
為布列敦森林體系做好準備，展現黃金法則的力量。可
別忘了，「得黃金者得天下」。美國在世界舞臺上無人
能敵的主宰力，從那時起便未曾間斷。

　　聯準會樂見的情勢，因為經濟大蕭條而天崩地裂。事
實上，眾人都將中央銀行視為股災的罪魁禍首。人民的
怒火燒向華爾街和聯邦準備銀行，帶動了天翻地覆的改
革。1933 年《緊急銀行法》通過，美國國會便接管了中

央銀行。

　JP・摩根和哲基爾島俱樂部成員建立聯準會時，認為整個機構最核心的要素就是不受政府管控的獨立性，但聯準會在成立短短幾年後，就喪失這個最寶貴的要素。經濟大蕭條的影響甚鉅，連闊綽的銀行家都難逃此劫。

回到未來

　了解歷史的好處是讓現在的我們洞燭機先。名作家馬克・吐溫說：「歷史不會重演，但類似的事一定會再發生。」1920 年代晚期，胡佛推行充滿民粹保護主義色彩的《斯姆特—霍利關稅法》，對 12 萬 5000 件商品徵稅，的確與現今的政治環境極其相似。現在的川普與當時的胡佛幾乎如出一轍。

　歷史教導我們在非常時期使用非常手段。1929 年股市達到頂峰時，當時的人們恐怕都覺得羅斯福的新政政策簡直瘋了。但僅僅三年後，曾經看似瘋狂的政策卻變成必要手段。小羅斯福的政策，如今看來確實類似桑德斯和華倫（Elizabeth Warren）提出的政策。（兩者相似到左派稱此政綱為「綠色新政」（Green New Deal）。）

——美滿人生

約 28 個交易日之後

　　歷史學家正在找線索釐清接下來會發生的事，我們
則應該特別注意聯準會**獨立性**可能遭到的破壞。摩
根當初一手策畫整個系統，就是為了保持獨立。大
權落入政治人物手中會促使貶值，讓財富從權力菁
英流向大眾的口袋。經濟大蕭條情勢太過嚴重，導
致聯準會無法繼續保持獨立。行政部門和國會接管
貨幣政策，直到 1951 年才將大權交還聯準會。聯準
會當時被貼上罪魁禍首的**標籤**，這個情況是不是似
曾相識？川普將矛頭指向聯準會，指責他們必須為
即將到來的經濟衰退負責。

——美滿人生

14
徵兆

*Signs**

* 電影中文片名為《靈異象限》

藉由回溯聯準會的歷史，我們可以**知往鑑今**。我們應該好好聽從馬克·吐溫的智慧箴言：「歷史不會重演，但類似的事一定會再發生。」如今我們繞了一圈走回原點，回到 90 年前的情況。唯有釐清問題，才能試著解決問題，或者預測接下來的進展。生命中所有事情都有週期，也就是說所有事情都有開始、中間和結束。

1920 年代的債務危機，是尚不成熟的聯準會實行寬鬆貨幣政策的產物，這場危機最後以股市崩盤收場，導致經濟大蕭條。最近 10 年的債務危機與當年的情況驚人相似。接下來的五個徵兆，就精準複製了 1930 年代經濟衰退前的徵兆，預示了接下來會發生的事。

本章舉出五個徵兆，說明我們正處於一個超級循環的結束點，準備邁向新開始。每個段落都附上「約 28 個交易日之後」附錄。

（1）貧富差距

十九世紀末的超級有錢人以摩根財團為首，其中包括卡內基家族、范德比爾特家族和洛克菲勒家族，這些家族的財力更勝曾經的歐洲皇室。財富集中在他們手中，就是風險產生的徵兆。當所有財富掌握在少數人手中，而且整個結構的核心支柱是不斷攀升的資產價格，整座

———徵兆

由證券和股票堆積而成的山，就可能像紙牌屋一樣搖搖欲墜。許多人只記得股市崩盤是經濟大蕭條的原因，而不記得那也是一種「症狀」，不過真正危害世界的「疾病」其實是**債務**。疾病纏身的美國一直認為自己免疫，直到股市崩盤才看清事實。不久之後，美國也與全世界一樣，面臨瘟疫一般蔓延開來的**失業與貧窮**。

1929 年股災後三年，美國的經濟跌到谷底。經濟大蕭條災情慘重，連富裕人家都難逃一劫。醫生和律師的收入跌落 40%，超過 25% 的美國人根本找不到工作。

雖然美國在咆哮的 20 年代經濟繁榮，財務分配卻十分不平均。根據加州大學柏克萊分校經濟學教授蓋比瑞‧祖克曼（Gabriel Zucman）的研究，1929 年全美國最富有的 1% 人之中，前 10% 最富有的人擁有的財產，幾乎占全國財富的 25%。分析數據顯示，1929 年當時投入股市的百萬富豪有 2 萬 5 千到 3 萬 5 千人，也就是說只有不到 1% 的美國人擁有股票。

經濟崩盤之後，貧富差距成為最主要的詬病與砲轟對象。華爾街最終成為背負罵名的罪魁禍首，不久之後便面臨徹底的組織改革。

貧富差距在 2020 年攀上歷史高峰。現今 0.1% 最有錢的人，擁有全美國 25% 的財產。前 1% 有錢的美國人，

擁有全國一半的財富。如今的富豪不再是家族，而是個人：傑夫·貝佐斯（Jeff Bezos）、比爾·蓋茲（Bill Gates）、馬克·祖克柏（Mark Zuckerberg）、麥可·彭博（Michael Bloomberg）、羅伯·華頓（Rob Walton）、華倫·巴菲特等（見圖14.1）。

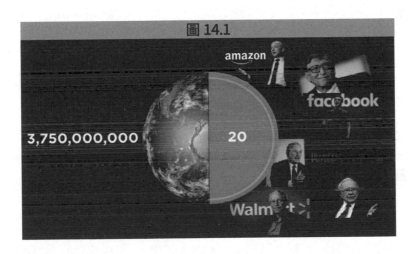

圖 14.1

約 28 個交易日之後

現今的貧富差距程度前所未見。聯準會因應 COVID-19 疫情採取的極端措施，讓他們的政策因此受到矚目。從 3 月 23 日至我寫下這段附錄的 5 月 10 日，由於聯準會投入超過三兆的緊急流動性資金，

—徵兆

道瓊指數上漲了 5800 點，總共增加 31%。這段時間內，3300 萬名美國人申請失業救助，人數更勝經濟大蕭條時期。

收入最低的勞工受到的衝擊最大。根據 Axios 報導，失業率最高的族群是光譜末端的低收入族群。收入少於 2 萬 5 千美元的勞工中，有 77% 因為疫情遭到解雇。另一方面，Axios 預估收入超過 7 萬美元的勞工中，只有 2.5% 的人失業。再猜猜看哪個族群擁有股票？ COVID-19 疫情確實快速又直接地披露了所得不均的問題。

（2）民粹主義

經濟繁榮和社會穩定是民主的先決條件。財富均分的時候，這兩者便成為資本體制的基礎價值。若這些價值分配不平均，資本體制就會遭遇風險。一戰過後，美國享有新得到的財富，其他國家則大多在受苦受難。1920 年代，傳統政治思維出現越裂越深的分歧。一戰導致俄羅斯、土耳其、奧匈和德意志帝國殞落。英國和法國主導的重建工作不平衡，導致民怨四起。飢荒和貧窮成為許多歐洲國家的常態，催生了民粹政治運動。**共產主義、法西斯主義、社會主義和民族主義**在歐洲蔓延開來。經

濟低迷成為滋養這些思想的養分，財富不均則刺激了激進的政治運動在戰後大量蓬勃發展。

全球領袖在 1919 年召開巴黎和會，簽署了一系列的條約，統稱「巴黎和約」，試圖恢復世界的和平秩序，巴黎也因此成為各國政府新總部的所在地。破產的帝國在獲勝的協約國主導下，**重建**成許多新興國家。許多場會議都以嚴懲被判有罪的德國作結，並要求德國為戰勝國支付**所有戰爭支出**，德國甚至被禁止出席這些攸關自身命運的會議。

曾經盛極一時的富裕帝國殞落，取而代之的新政府也不太穩定，導致人民產生大量衝突和矛盾。1921 年造成 500 萬人死亡的俄羅斯大饑荒，就是因為失敗的政府無法為飢餓的人民提供糧食而導致。

一戰後，德國人民的生活也苦不堪言。1923 年，法國和比利時軍隊佔領工業化的魯爾河谷（Ruhr Valley）逼迫德國賠款，促使德國人民團結起來以公民抗命表達不滿，激進的右翼運動也越來越興盛。威瑪共和國（Weimar Republic）在 1919 年開始統治德國地區，直到納粹黨在 1933 年掌控大權。戰爭債務和賠款逐漸榨乾德國國庫，德國貨幣陷入惡性通膨危機。

民粹主義最好的註腳，就是由不平等引燃的怒火。德

國人的怒火和不同派別的民粹思想結合在一起，結果就是即便極端納粹主義沒有獲得廣泛支持，希特勒還是成功在 1933 年獨攬大權。希特勒煽動人民的怒火，將矛頭指向猶太裔的銀行界菁英，因為一戰過後他們的生活比一般德國人民好上太多，當時中產階級猶太人的收入是柏林人平均收入的三倍。德國經濟持續積弱不振，600萬名失業的德國人不是公開支持，就是默許希特勒醜化猶太人，認為猶太人是害他們受苦的始作俑者。

約 28 個交易日之後

幾十年來，民粹主義隨著財富不均延燒全球。過去幾年我們見證了英國脫歐、川普當選美國總統、強生當選英國首相。香港和法國爆發抗議衝突，民粹主義領袖入主加泰隆尼亞、墨西哥和巴西。憤怒、民粹主義和民族主義在全球蔓延。

令人難過的是，COVID-19 疫情似乎讓中國和美國的衝突加劇。川普政府採取激進立場，將疫情歸咎於中國實驗室製造的「武漢病毒」。中國官方則反駁美國的主張，指控美國試圖「將自己無法掌控疫情的失職歸咎於他人」。

雖然痛批中國看似是選舉年的應急之策，但這樣其實會將世界推往更極端的民族主義，也可以引起中國和美國之間的新冷戰。

（3）關稅

綜觀歷史，民粹主義領袖經常以關稅政策作為手段。關稅是一種民族主義手段，藉此鼓勵民眾多消費國產品，少購買外國進口商品。1920 年代，美元較歐洲各國貨幣更強勢，因此美國消費者可以低價購買進口商品，但貨幣過於強勢卻成為出口商品的不利條件。為了讓農產品銷至國外，胡佛在 1928 年競選總統時向美國農民承諾，他會對海外進口的農產品徵稅。1929 年股市崩盤後，保護主義開始占上風。

猶他州參議員瑞德・斯姆特（Reed Smoot）提出法案，打算針對超過 12 萬 5000 件進口商品徵收關稅，也就是為人熟知的《斯姆特 —— 霍利關稅法》。提案通過時遭到 1000 多名經濟學家反對，但胡佛無視他們的建議，並且在 1930 年 6 月 17 日簽署通過這項進口貨物徵稅法案，展現他對選民的支持。

實行這項法案的官方原因是美元太過強勢，造成美國國內農產品失去與進口農產品競爭的優勢。強勢貨幣導

—— 徵兆

致出口的產品更貴，進口產品更便宜，美元走強日後也成為小羅斯福決定讓美元貶值以提升金價的關鍵原因。

川普對中國和歐洲商品徵收關稅，因而獲得「關稅人川普」（Tariff Man Trump）的稱號。實施關稅是為了保護美國的勞工，川普也為了削弱美元而槓上聯準會。現在關稅政策實施得越來越廣泛，目前包括中國、歐洲和幾乎所有新興市場都在採用。

約 28 個交易日之後

沙烏地阿拉伯和俄羅斯的石油價格戰導致油價下滑，再加上川普政府採取措施保護美國的石油公司和產品，可能導致更多民族主義政策出現。關稅是合理的下一步策略，尤其川普將美國能源獨立捧為新時代蓬勃經濟的主要推手。民粹主義轉為民族主義，更進一步導致實施關稅。

（4）資產泡沫

中央銀行降低利率時，商品和有形資產價格下跌，代價是金融資產價格膨脹。這是資本**流動**的作用。隨著貨幣印製量和貸款量增加，資本流到投資者手中，接著流

向能獲得最多報酬的地方。利率較低、**借貸容易**的時候，金錢會流入金融資產。借貸條件寬鬆最終導致金融資產泡沫。咆哮的 20 年代就曾歷經資產泡沫，而當時股市飆漲了四次。

給勞工一元，他可能會花掉。給富人一元，他可能會用來投資。經濟情況和貨幣流通速度深受金錢流向影響。早期的聯邦準備銀行印製貨幣，只提供貸款給主管階級，他們便使用這筆錢購買金融資產。此舉造成自我複製的循環，導致更多錢投入票據金融市場，壓縮實質經濟發展。

經濟大蕭條的癥結點在於價格持續下滑。金錢高度集中在有錢人手上，便會導致沒有足夠的金錢維持有形資產的價格，1920 年代晚期所面臨的就是這種情況。有錢人能吃掉的玉米和麥子有限。隨著票據市場崩盤，股票資產附帶的信貸也消失殆盡。幾年前系統中的金錢過剩，現在這些錢全部流入金融資產，又全隨著大崩盤蒸發殆盡。

過去 10 年來，聯邦準備銀行印製了幾兆美元，股價飆升四次，但商品和有形資產的價格卻持平或下滑。2009 年 12 月，油價是每桶 70 美元，10 年之後的 2020 年 2 月，油價下滑將近三成，每桶只剩下 50 美元。

——徵兆

約 28 個交易日之後 ─────────────

2020 年 4 月，油價下跌至負 40 美元，同一時間的
道瓊指數則上升 18%。

（5）巴菲特指標（Warren Buffett Indicator）

人類必定會一次次重蹈覆轍，而每次我們都認為「這
次不會錯」，所以聰明的投資人會遵循那些從過去尋找
線索的指標。其中一個指標歷經時代考驗，一直保持準
確度，那就是**股市總市值占 GDP 的比率**，也就是計算投
入股市的金錢總額，與總體 GDP 相比較。

2001 年，巴菲特接受《財富雜誌》（Fortune）專訪，
這個比率指標因而聲名大噪。巴菲特解釋，他採用這個
公式是為了避免網路泡沫造成的市場崩盤，從此之後這
個比率就成為知名的「**華倫巴菲特指標**」。公式很簡單，
而且可以幫助我們理解資金的流向。當越多錢流向金融
經濟，而非實質經濟，金融資產的價格就會膨脹，最終
造成極大風險，巴菲特指標的比率便可以測量不平衡的
情況。（見下頁圖 14.2）

還記得當初網路投資熱潮現象的人，應該記得那些公
司是根據**預估的成果和成長**籌措資金。

圖 14.2 巴菲特指標		
美國股市總值 /GDP 比率	市場估值	本書原文版出版前……
比率＜ 50%	嚴重低估	以 2020/1/13 數值計算
50% ＜比率＜ 75%	稍微低估	**154.85%**
75% ＜比率＜ 90%	合理估值	
90% ＜比率＜ 115%	稍微高估	極嚴重高估
比率＞ 115%	嚴重高估	

　　而這些公司幾乎沒有收益。這種情況與現在的科技公司有著驚人相似，他們也是根據成長潛力籌措資金，而非實際收益。當資金追隨著極少的報酬，就會形成資產泡沫。資產拋售時，價格下滑速度可能非常快。據我們所知，巴菲特在科技泡沫崩盤後鋒頭正盛。他先按兵不動，因此之後可以用現金低價購入資產。時至今日巴菲特坐擁史上最多的現金。原因為何？就是他不喜歡所有東西的價格。

　　巴菲特指數歷來的平均估值是90%。1929 年股災前，股市總值占 GDP 的比率是 141%，網路泡沫崩盤前的比率則是 151%。

　　2020 年 1 月，股市總值占 GDP 的比率達到前所未有的 154%，明顯呈現嚴重高估的情況，也是股價上漲的不祥之兆。

　　40 年來，有一種投資策略獨霸市場。有權有勢的央

——徵兆

行把金融資產變成投資客投入資本的最佳選擇。那段時間內，聯邦準備銀行宛如上帝，總是能操縱金融市場的命運。

　　對謹記歷史教訓的人而言，這些徵兆就是警告。有一句名言說：「若牠看起來像隻鴨子、游起來像隻鴨子、叫起來像隻鴨子，牠就一定是隻鴨子。」這些徵兆太過相似，令人難以忽視。這些徵兆預言了週期結束，即將迎來新開始。

　　即將發生的**大貶值**造成的思維轉換，顯示了未來集體思維變化的轉捩點。基於此因，我相信 2020 年代會與經濟大蕭條的時代非常相似，迎來人類史上最大規模的財富轉移。

約 28 個交易日之後

　　即使受到 COVID-19 疫情衝擊，5 月 10 日的股市總值占 GDP 比率還是高達 133%，屬於嚴重高估。這表示太多資本投入股權回報，而非實際生產。

第三部

反將一軍

Checkmate

15
黑天鵝

Black Swan

本書第一部中，我指出經濟體系崩壞了。現代的經濟理論立基於一系列無效的投入，「經濟」從來不是一門科學，而是根據各種錯誤假設形成的理論，例如：**價格永遠等同價值、市場有效率，**以及**增加貨幣供應會引起通膨**。隨著央行接手操控經濟體制，這三個現代經濟理論原則，在過去 10 年已經證明是錯誤的。價格不再由公開市場決定，而是交由央行全權掌控。若聯準會將流動資金投入系統，市場價格就會提升。聯準會一停手，市場價格便會下滑。這不是效率，而是曲解。

本書的第二部分，詳述了現在發生的事都與以前的事有著奇異的相似，令人產生不祥的預感。出現幾乎相同的徵兆，表示我們快走完一個週期。忘記歷史的人注定重蹈覆轍，我們顯然正在犯下一模一樣的錯誤。

本書第三部分，我們要探討為何即將發生的思維轉變勢在必行。歷史告訴我們，這些錯誤周而復始、無法避免，而且總是準時出現。不斷犯下相同錯誤，是人類的天性。我們一旦認清人類的極限，對所有事物的理解更明白，就不可能再繼續以受到蒙蔽的錯誤方式思考。

現代經濟理論，或稱凱因斯經濟學（Keynesian Economics）是現行系統建立的依據。接下來幾年我們

—— 黑天鵝

會發現，集體思維將逐漸轉移至現代貨幣理論，也就是靠著持續累積債務來獲得驚人的收益。既然債務持續上升已勢不可擋，他們便會灌輸我們一個想法，那就是當印製鈔票與產生債務的經濟體相同時，就不會產生副作用，讓政府得以逃避他們的義務。然而這不是真的，但接下來發生的事，一定與曾經重複發生的事相同。

所謂的現代貨幣理論，只是讓聯準會達到目標的各種工具之一。經濟學家為這個理論貼上好標籤，說服大家這是未來的必要趨勢。但現代貨幣理論與現代經濟理論一樣，算是偽科學，稱不上是科學。他們會讓我們以為這對我們最有利，但事實上這只是政府近一步貶值貨幣的藉口。若現在還覺得不明顯，那只是因為我們距離堆積如山的債務太近了，因而失去遠見。

事實上，人類想認識自身所處的世界時，總是受到重重阻礙。我們的觀點限制了視野，造成我們只能從侷限的角度理解現實和真相。如果從更廣泛的角度看待同一件事，可能就完全變了樣子。幾千年前，哲學家柏拉圖就思考過這件事，在他的「洞穴寓言」（Allegory of the Cave）中，針對「觀點」提出質疑。（見下頁圖15.1）

柏拉圖的故事是這樣的，有一群囚犯從出生起就被關

圖 15.1 柏拉圖的洞穴寓言

在一座洞穴裡。這些囚犯被綁在一起，只能看到正前方的景象，一輩子都盯著眼前一片空白的牆壁。囚犯背後有個火堆，俘虜他們的人從後面走過去時，影子會出現在牆上，然後消失。

這是囚犯唯一認識到的現實，他們相信牆上的影子就是現實。有天，一位囚犯掙脫束縛，發現真正的世界存在於洞穴外，因而大吃一驚。他發現陽光才是真實的來源，進而意識到自己原先的世界觀錯得離譜。他為自己的發現感到振奮不已，想回洞穴告訴其他囚犯這個消息，幫助他們獲得自由。他回到洞穴，但其他囚犯卻不相信他的故事，甚至威脅說若他想解開其他人的鐵鍊就殺了他。

——黑天鵝

　　柏拉圖的這則故事有幾個重點。一旦我們認知到自己眼界的不足,而且從正確的觀點理解世界,我們就不可能再回到洞穴。一旦照過陽光,洞穴就不宜再居。這則寓言也點出了許多人的恐懼,以及他們對受到啟蒙的抗拒。事實上,真相揭露時,大部分的人都選擇躲在黑暗的洞穴內。他們覺得熟悉的環境最舒適,死死抓著他們受到蒙蔽的世界觀不肯放手。如果你以為這個現象只存在於古代,建議你拿起電視遙控器,花幾分鐘看看幾個大新聞臺的內容。

　　如果你打算繼續活在黑暗之中,這個段落或許不合你的胃口。如果你對現在的世界很滿意,不想一瞥未來的情況,請你就此打住。因為我接下來提供的訊息,不可能讓人視而不見。一旦見識到真實世界,就不可能再回到黑暗的洞穴。即將發生的事是個機會!與其害怕轉變,不如擁抱變化。擁抱改變的人,會發現只有恐懼本身才令人害怕,他們會做好準備,在過程中獲取真正的財富。

　　我們在某些時候必須對自己坦誠以待。支撐現代經濟體制基礎的假說一旦被證實為假,所有以此為基礎建立的東西就可能跌落崩毀。擁有足夠廣闊的視野來察覺問題,是在接下來發生改變時取得財富的第一步。這個情況類似去看眼科配眼鏡,必須一層一層測試和疊加鏡片,

才能配到最符合度數的眼鏡。我們總共需要三個必要零件，才能組裝出一架看清楚新金融典範的觀測鏡。這架全新的觀測鏡，能幫助我們在金融危機來臨前洞燭機先。

「黑天鵝」一詞通常指出乎意料又殺傷力極強的事件，可能足以改變整個人類的觀點。這些事件通常是突如其來，而且無法用一般的工具預測。根據定義，黑天鵝事件就是無法預測，直到發生了我們才知道的事件。由於只能後知後覺，因此往往是毫無準備的人才會遭到黑天鵝重創。1929 年的大股災、2000 年的網路泡沫和 2008 年的房市崩盤，都有一個共通點，也就是起因於聯準會的寬鬆貨幣政策引發的債務泡沫。央行的扭曲政策，造成經濟體制面對震盪和危機時變得不堪一擊。泡沫再次膨脹，這次的衝擊力道之大，造成整個系統都要重建。隨之而來的貨幣重置，將改變全世界接下來 50 年的軌跡。

我相信 COVID-19 疫情危機，會成為世界史上的關鍵轉捩點。往後幾個世代的人看待我們的方式，就會類似我們看待經濟大蕭條的方式。經歷危機的人轉換思維時會特別痛苦，尤其是那些毫無防備的人。

過去的泡沫崩盤時，許多人賺了大筆財富。那些可以

——黑天鵝

察覺災難將至的徵兆，因此做好萬全準備的人，因為他們過人的洞察力而聞名。1999 年，巴菲特在網路泡沫前夕、股市最後一次達到狂喜領域（euphoric boom）之前，就退出股權市場，因此被視為糟糕的投資人。他因為隔岸觀火和未雨綢繆受到嘲笑。20 年後，他又受到嘲笑。他的公司目前擁有史上最多的現金。也許他只是個與世界脫軌的瘋老頭，但他也許只是看見當年的情況重現，因此照著同樣的劇本行事。

這次情況或許不同，幾千年的經濟現況終於面臨永久和徹底改變？或許這只是另一個我們身處其中，卻無法判斷出來的泡沫？又或許，情況更糟，大家都能意識到這個泡沫，我們卻束手無策，無法採取有效作為來避免？我提供以下看法給思考這些問題的人。這次與過去並無不同，而且完全一樣，這樣應該可以讓大家更有信心面對接下來發生的事吧。請讓我幫你們釐清未來。

——黑天鵝

16
週期

*The Circle**

現代投資理論建立在鐘擺的概念上。霍華·馬克斯在他的傑作《掌握市場週期》（Mastering The Market Cycle）中，解釋了資產價值如何像鐘擺一樣擺盪。資產**從低估變成合理價格，再變成高估，最後又盪回起點**。當資產價格下滑時會乏人問津，估計價值將處於**最低點**，到達鐘擺的一個極端。發現這一點的投資人，會以低價買下這些資產。當市場不再惡化和波動，價格便開始回升，投資人會更放心，持續購買資產。價格隨著購買持續上漲，直到進入鐘擺另一個極端的「狂喜領域」，此時精明的投資人開始售出資產取得利潤，於是價格下滑回到合理等級。正常的情況下，價格會隨著時間以鐘擺的運動方式波動。

景氣循環是指信貸的擴張和萎縮，以及這種變化如何影響資產價格。信貸條件寬鬆時，金融資產的價值提升，反之則價值下滑。從歷史角度來看，信貸的流動方向會推動景氣循環。信貸的擴張和萎縮週期通常是 10 年，巴菲特有一句名言：「**我們的市場 10 年為一個週期，可惜我們的記憶只有 7 年。**」

巴菲特可能看出了端倪。50 年來，有三個年代的道瓊指數大幅成長（見下頁圖 16.1），另外兩個年代則是下跌。1980 年代股市成長 238%，1990 年代的報酬更

──週期

圖 16.1 每 10 年美國股市投資動向 每 10 年 -10 萬美元投資額				
	道瓊指數		**黃金**	
1970-1980	起始 809.20	變化	起始 35.20	變化
	結束 820.31	1.37%	結束 634.00	1,701.14%
	$101,372.96		**$1,801,136.36**	
1980-1990	起始 809.31	變化	起始 634.00	變化
	結束 2753.20	253.63%	結束 398.60	-37.29%
	$335,629.61		**$62,712.93**	
1990-2000	起始 2753.15	變化	起始 398.60	變化
	結束 11,497.12	309.13%	結束 209.25	-27.43%
	$409,128.34		**$2,566.48**	
2000-2010	起始 11,497.12	變化	起始 209.25	變化
	結束 10,492.05	-8.19%	結束 1087.50	274.61%
	$91,807.57		**$374,612.47**	
2010-2020	起始 10,583.96	變化	起始 1087.50	變化
	結束 28,534.91	169.61%	結束 1521.40	39.90%
	$269,605.23		**$139,898.85**	

高達 309%，從 2009 年持續至今的牛市，股價已經成長
超過 280%。另外兩個年代的道瓊指數下滑。1970 年代，
道瓊指數下滑 1%。2000 至 2010 的 10 年間是所謂的「失
落的 10 年」，因為道瓊指數的報酬為負，損失了 8% 的
價值。請特別留意，股市評級低於大盤的那幾個年代，
黃金的表現優於大盤。1971 至 1980 年間，金價成長了
16 次，從 42 美元成長到 800 美元。2000 至 2011 年間，

金價成長將近 8 次，從 252 美元漲到將近 2000 美元。
簡而言之，股價**下滑**時，金價就會**飆升**。

華爾街喜歡宣稱股市每年平均成長 7%，以此鼓勵投
資人持續投資。他們隱而不宣的現實是，所謂的 7% 是
中和過的平均值。股市飆漲的年代每年平均成長 17%，
而股價下跌的年代每年平均下滑 3%。加總計算後，每
年平均成長 7%。對追隨巴菲特的人而言，下個 10 年有
可能會回歸平均值，成為下個失落的 10 年，過去 50 年
的增長與下滑循環可能會持續進行。**若鐘擺的漲跌循環
持續下去**，接下來 10 年的股權報酬將歸零。不過前提是
現代經濟理論崩壞，也就是景氣循環隨之崩壞。我想這
表示發生股市崩盤的機率較低，貨幣崩盤的可能性較高。

即將到來的**大貶值**是個「轉捩點」，將因此形成新的
方向。唯有前一個週期完整結束，才能展開新的週期。
預期市場回歸景氣循環的週期性，就是假設過去 10 年因
央行強制調低利率而有大量**現金流**注入後，接下來的 10
年會面臨**衰退**，屆時央行會將利率調高。**大貶值**的主要
先決條件是央行被逼入絕境，因此不願意再次調升利率，
這樣一來終將導致毀滅。接下來唯一的做法就是全球貨
幣重置，展開新的週期。好消息是不論如何，黃金**都是**
贏家。若景氣循環持續運作，金價會上升。若景氣循環

——**週期**

衰亡，黃金便會作為新體制剛起步時的基石，正如前一個週期剛開始的時候。

週期是一個圓形。週期歷經開始、中間和結束，接著展開新週期。季節週期就是個淺顯易懂的例子，一年有春夏秋冬四季，結束後便展開新週期。季節隨著地球公轉的角度而變，繞太陽一圈的時間是一年。正如繞太陽一圈後要迎接新的一年，**一個週期完整結束後**就會迎來新的週期。

同樣地，我們的生命也是週期。生命有開始、中間和結束。人生包含四個階段，也可說是四季：**青春期、青年期、成年期、老年期**。這四個階段組成生命的週期。所以與其將人生想成一直線，不如將人生想成一個循環。人生的結束與開始非常類似（見下頁圖 16.2），新手父母很容易察覺這一點。新生兒的生活起居必須完全仰賴父母，隨著我們進入老年，也會產生類似的需求，越來越仰賴他人。我太太常開玩笑說，人生的終點與起點差不多，都是禿頭、沒有牙齒，而且完全仰賴他人而活。

過去幾年，我已經明顯感受到人生的超級循環。我50 歲了，母親過世，我和太太驚喜地發現自己將喜獲千金。我自己體驗到了人生的循環，就更容易察覺這一點。

我們常忘記人生是個循環，人會從年輕變到老，因此

圖 16.2 人生的環循：90 年

人生看似是一直線。不過，當我們開始熟悉自己所處的世界，就能明瞭所有事情都有週期。我們的生命結束後，就會產生新的循環。下一代人的人生經驗或許不同，但他們也會經歷相同的循環。這個想法令我安心不少，讓我對以前發生和將要發生的事，都可以從容應對。一旦將人生視為一個循環，就更容易接受改變。

幾千年前的伊特拉斯坎人（Etruscans）將人生的循環稱為「saeculum」（以下稱為大循環），意即「漫長人生」。大循環總共由四個世代組成，每代相差約 22 年。根據伊特拉斯坎人的說法，一次大循環的時間並不固定，而是可以細分為人生的「四季」，分別是青春期、

青年期、中年期和老年期。

　伊特拉斯坎是義大利的古文明，統治期間大約是西元前 900 年至西元前 100 年。根據傳說，神祇分配給族群或文明的大循環都不一樣，伊特拉斯坎人自己分配到 10 個大循環。對伊特拉斯坎人而言，大循環的概念就是自然法則，如同現代人認為地球繞太陽公轉是自然法則。對古義大利人而言，大循環不是空泛的理論，而是真理。西元前 2 世紀，羅馬歷史學家就用大循環來計算年份和記錄戰爭。

　大循環有一點最符合科學，那就是每 90 年左右人類都注定會犯下相同的錯誤，遭遇**危機**而受苦。這是因為 90 年後，再沒有親眼見證危機的人尚存，可以提醒之後的人不要重蹈覆轍。所以大概每 90 年就會出現某個危機或事件，嚴重到讓人類的**集體思維**改變。

　我們現在以百年為單位計算時間，伊特拉斯坎人則是以大事件做為計年單位，前一次危機到下一次危機大約是 90 **年**左右。他們的曆法不是記載日期，而是記載足以改變集體思維、產生新秩序的**事件**。「Crisis」（危機）一詞來自希臘文「krisis」，意思是「做出決定」。當人類做出決定而產生新方向，就表示人類遭遇到危機。因此伊特拉斯坎人會做好**準備**，採取行動事先改變，而

不是遭遇危機痛苦萬分才開始應變。超級循環結束時他
們選擇接受改變，而不是與之對抗。

　史特勞斯（Strauss）和豪威（Howe）在著作《第
四轉折》（The Fourth Turning）中，主張人類史都
可以用超級循環解釋（見圖 16.3），尤其大部分的美
國歷史都能以為期 90 年的大循環解釋。美國歷史上的
重大戰爭，都奇妙地遵循了這個循環。美國獨立戰爭結
束於 1776 年，接著是 1864 年結束的南北戰爭，兩者
恰好相差 90 年。我們對這個大循環留下特別深刻的印
象，是因為林肯著名的〈蓋茨堡演講〉（Gettysburg
Address），這場傑出演講的第一句話就是「87 年前」，

圖 16.3 美國的歷史大循環

THE SAECULUMS OF AMERICAN HISTORY

1776 The Revolutionary War　1776 美國獨立戰爭
1864 The Civil War　1864 南北戰爭
1945 World War II　1945 第二次世界大戰

——週期

指 87 年前簽署的《獨立宣言》。1945 年結束的**第二次
世界大戰**，與南北戰爭相差四個世代，距離林肯的〈蓋
茨堡演講〉恰好一個大循環。

　　這幾場戰爭都是美國歷史的轉捩點，每場戰爭的肇
因，都是行之有年的不平等引發的危機。這幾場戰爭都
相差一個「漫長的人生」，每場戰爭都是重新的開始。

　　史特勞斯和豪威繼續探討在整個大循環中，每個世代
扮演的角色。作者將每 22 年視為一個**轉折世代**。這本著
作深受伊特拉斯坎人的思想影響，特別指出每過四個世
代就會產生危機，對文化的轉向產生關鍵作用。**第四個
轉折世代**會引發集體思維改變。思維轉變大概每 90 年發
生一次，掌握這一點，就能掌握人類歷史各階段與人類
一生各階段的關聯。遺憾的是這些第四個轉折世代通常
以戰爭收場。

　　每個超級循環都存在一致的世代特徵。每隔一**個**世代
就是**人口爆炸**的世代，夾在中間的世代人口較少，是所
謂的**失落世代**。最近一次的 90 年大循環也遵循這個規
律。嬰兒潮世代曾是全球人口最龐大的世代，1946 年到
1961 年間，大約有 8200 **萬**人出生。嬰兒潮世代之後是
X 世代，這個失落的世代人口只有 4100 **萬**。接下來是

1982 年至 2004 年出生的千禧世代，人口達到 9500 萬人，遠勝嬰兒潮世代。

有趣的是，每個超級循環都會有兩個關鍵時刻，改變整個社會的思維。第一個時刻出現在超級循環剛開始時，也就是**轉折**。第二個時刻出現在 45 年後的循環中段，稱為**覺醒**。這些時刻會改變社會運作的方向和集體觀點。當兩個人口爆炸世代彼此對立，就會出現這些變化。當兩個立場相左的爆炸世代產生衝突，保守派老人和年輕人意見不合，就會引爆一連串焦慮和危機。這種對立會在醞釀幾年後爆發形成危機。

隨著年輕世代的集體思維**抵抗傳統**，抵抗老一輩嬰兒潮世代的過時思維，老一代人會開始採用有利自己的新做法。唯有年輕爆炸世代的權力徹底征服老一代，才能解決這種衝突。危機解除後，新的集體思維往另一個方向發展 45 年，直到下一個嬰兒潮世代的反對力量與想法達到高峰，他們就會隨著循環再次展開對抗。這個漲跌過程持續在全球歷史中流轉，深入探究潮流和超級循環時便顯得格外有意義。

這個超級循環包含四代，長達 90 年左右。美國一直遵照這個循環，在過去的 90 年結束完整循環後，再次回到起點。1930 年代初，全球面臨債務危機和太過強勢的

——週期

美元，勢必產生大規模思維轉變以展開新的體制。然而改變往往伴隨痛苦。經濟大蕭條帶來的痛苦持續超過 10 年，直到二戰結束和貨幣系統重置，這個問題才在結構上解決。而重置之後展開的新循環現在也已經結束。

我們知道完整的圓是 360 度。因此也可以將圓圈視為盪了兩次 180 度的鐘擺，從起點盪到中間，再從中間盪到結束。從 180 度擺盪的鐘擺理解超級循環，幫助我們更完整地看待歷史，這種觀點也讓我們更有邏輯地理解將鐘擺推往反方向的動力。年輕強壯的嬰兒潮世代抵抗年老衰弱的世代時，這股力量就會出現。

1930 年代的危機，就是最偉大世代（GI Generation）與新世界者（New Worlder）的抗爭，新世界者出生在 1860 年至 1880 年間，比最偉大世代年長 40 歲。1900 年代初期美國的經濟繁榮和大量成長，讓新世界者因而自信滿滿。他們大多逃過了一戰帶來的悲劇，隨著經濟蒸蒸日上、剛掌握世界大權的美國一起茁壯。他們的集體思維是處處有機會、萬事皆成長。年輕的新世界者性格逐漸成熟的那幾年，美國正蓬勃有朝氣地成長。新世界者的收入高峰期正值咆哮的 20 年代，讓他們的集體思維更堅定不移。這是個冒風險者的世代，

他們相信繁榮成長是美國人與生俱來的權利。他們是一手建造美國的個人主義者、賭博者和探險者。

出生於 1900 年至 1924 年的**最偉大世代**，則有著全然相反的人生體驗。他們的童年蒙上經濟大蕭條的陰影，尤其是最偉大世代末期出生的人，在正值青壯年的時候參加了第二次世界大戰。最偉大世代的一大特徵，就是他們不崇尚個人主義，而是強調群體。他們共同歷經痛苦，重視團隊合作和自由，而且會將賺來的錢全部存起來。戰爭開打時他們從容入伍，渴望為國家服務。美國就是他們的**信仰**，與他們一同受苦受難的人，都把社群的集體遠見看得比個人重要。美國的統帥地位自二戰結束後就不容置疑，最偉大世代的價值觀則逐漸深入躍居主導地位的美國。

出生於經濟大蕭條和戰爭期間的沉默世代，從小學會節儉。他們遵守規矩、低調過日、埋頭苦幹。他們從小就知道小孩沒有發言權，但他們在嬰兒潮世代出生的孩子就不再遵循這個典範。

1950 年代是美國的黃金年代，當時美國人信奉的價值按照優先順序排列，依序是上帝、國家、家庭和自己。**嬰兒潮世代**可能有其獨到的見解。嬰兒潮世代的人生體驗與前三代的新世界者相似，他們成長在蓬勃發展的美

—— 週期

國，比起群體，他們更注重個人。越戰開打時他們正值青壯年，卻被迫捍衛不屬於他們的集體思維。嬰兒潮世代開始質疑集體的價值。「為什麼要參加我不支持的戰爭，為我不全心奉獻的國家賣命？」他們認知中的政治是尼克森總統和貪汙腐敗，不是高貴卓越的美國價值系統。他們在大通膨的巔峰期進入青壯年期，祖輩最偉大世代奉行的儲蓄觀念被借款和消費取而代之，因為這些策略在通膨的時代更合時宜。他們的投資生涯正逢蓬勃世代的助力、股票市場跌落低點，以及美國剛步入金融化，401k 退休金成為準則。嬰兒潮世代是第一個集體投資股票的世代。他們入股公司，將財富投進股市。1980 至 2000 年間，股市成長了 14 次。在嬰兒潮世代之前，只有富裕的主管階層會投資股票。放寬管制和利率調低助長了金融資產的價格，讓嬰兒潮世代達到收入高峰。

如今嬰兒潮世代是最後一個，相信投資股票會讓未來有保障的世代。嬰兒潮世代注重「自己」，他們的人生經驗也與這種思維吻合。「貪婪真好」（Greed is good）是電影《華爾街》（Wall Street）的經典台詞，也是這個世代集體思維的精闢註解。嬰兒潮世代選出的政治人物都能滿足他們的渴望。相較於預算絕對不能削減的社會安全、醫療保險和醫療補助計畫，嬰兒潮世代

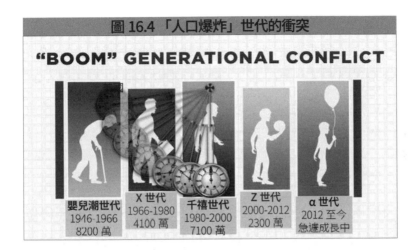

圖 16.4 「人口爆炸」世代的衝突

"BOOM" GENERATIONAL CONFLICT

嬰兒潮世代	X 世代	千禧世代	Z 世代	α 世代
1946-1966	1966-1980	1980-2000	2000-2012	2012 至今
8200 萬	4100 萬	7100 萬	2300 萬	急遽成長中

幾乎不在意平衡預算，也不在乎資助這些計畫可能需要背負的債務。

　　兩個世代後的千禧世代在 1981 年至 1996 年出生了，現在即將成為青壯年，邁入他們的收入高峰（見圖 16.4）。相較於早了兩代的嬰兒潮世代，他們現在面臨的環境條件糟糕許多。千禧世代已經見識到兩次股票市場崩盤，將債務視為詛咒而非恩賜。如同他們的最偉大世代曾祖父母輩，千禧世代注重群體，因此也常稱為「共享世代。」

　　他們在人際和社交上的聯結度更勝祖輩嬰兒潮世代，相較於自己能賺多少錢，他們認為社會經驗和環境與自

—— 週期

己更息息相關。這個世代見到祖輩擁有的優勢，因此逐漸接受了現實，也就是自己這個世代賺大錢的最好方式就是繼承遺產，而不是追逐美國夢。這個世代更傾向於支持社會主義和集體政策，因此桑德斯的極左觀點才會得到千禧世代熱烈支持。

在此的首要重點是，我們是自身經驗與觀點的總和。大循環中的每個世代都歷經類似的情況，因此他們的思維會一致。從這個角度觀看歷史，讓我們更容易察覺大型金融危機浮出水面時造成的權力轉移。社會繁榮昌盛時不會出現推力，鐘擺都是在危機產生後開始擺動。最偉大世代在**通縮**的 1930 年代，與祖輩新世界者對抗。嬰兒潮世代在**通膨**的 1970 年代，與祖輩最偉大世代對抗。如今的千禧世代發現自己與最偉大世代的景況相似，在通縮的 2020 年代與祖輩嬰兒潮世代對抗。

這些權力和思維上的轉變，出自通常要醞釀 10 年才會發生的危機。經濟大蕭條見證了人類史上最大規模的財富轉移。10 年前蓬勃發展的美國，10 年後因為商品價格下跌而遭遇飢荒、痛苦和絕望。失業率竄升到美國歷史的新高峰，某些城市的失業率高達八成。

經濟大蕭條是通縮危機，如今也有個通縮危機步步逼

近。1930 年代，商品和服務的價格下滑，如今是面臨幣值的通縮危機。現在面臨的危機，也會導致類似 1930 年代的大幅度政治版圖轉變。

當時，小羅斯福總統透過爐邊談話撫慰了消沉的人民。他解釋自己的新政，灌輸美國公民政府召回黃金的必要性。他宣傳了自己的龐大預算法案，也解釋了新的社會安全計畫，這些想法要是放到五年前，絕對會受到大力抨擊。羅斯福新政的社會主義概念，與美國資本主義和咆哮 20 年代的價值背道而馳。羅斯福新政採取社會主義，發起公共工程、金融改革和各式法案。羅斯福新政和美國軍人法案（GI bill）最終都通過，全美上下攜手合作，將國家的利益放在個人利益之上。

一連串社會計畫此時展開。小羅斯福實施的各項計畫讓危急的經濟情況得以立即舒緩，也帶動了工業、農業、金融、水力發電、勞工和房產的改革，聯邦政府的管轄範圍大幅擴張。「**社會計畫**」的概念出自小羅斯福 1932 年 7 月 2 日發表的演說，當時他獲得民主黨提名，為因應時任胡佛總統毫無作為的政策而提出。

請仔細留意鐘擺的擺盪過程。1929 年，貧富差距達到高峰，對**個人主義**的擁護也達到高峰。經濟大蕭條危機讓人民的思維轉向**群體**。接下來 40 年，鐘擺會再次從

——**週期**

個人主義的高峰出發，在 1970 年代初期盪到群體主義的高峰。這個時代是人民團結合作的高峰，吉米・霍法（Jimmy Hoffa）和他領導的工會以及其他類似的組織就是最佳例證。

這次也一樣，1970 年代的危機促使鐘擺往反方向擺盪。正值青壯年的嬰兒潮世代起身反抗，當時的危機不是通縮，而是通膨。尼克森總統關閉黃金窗口，讓美元成為法定貨幣，此時黃金又再次成為擺脫危機的關鍵。但尼克森的做法造成停滯性通貨膨脹，也就是利率和失業率同時上漲。不同於 1930 年的情況，這次物價沒有下滑。到了 1970 年代晚期，物價上升，利率則上漲超過兩成。

1930 年代的危機持續了大約 10 年，1970 年代的危機也持續了大約 10 年。這兩次危機的相似之處在於，兩者皆源自年輕與年老嬰兒潮世代的價值觀衝突。曾經推動鐘擺盪過半個大循環的集體思維，現在把鐘擺推向另一半的大循環。1980 年起，鐘擺便從群體主義的高峰，盪回個人主義的高峰。這一個完整圓形最顯著的分水嶺就是貧富差距。

達到歷史新高的貧富差距，是鐘擺必須往反方向擺動的徵兆。當 20 個人的財富超過全球所得低於平均者的財富總和時，就表示出了嚴重的問題。推動鐘擺的動力即

將衰亡，嬰兒潮世代命懸一線，新的千禧世代正在全力
往反方向推動鐘擺。發生轉變的時候會產生大量紛爭和
騷亂。千禧世代會選擇秉持社會主義思想的領導人，期
待他們提出「免費健康照護」、「免除學生貸款」和「全
民基本收入」等政策。接下來 10 年，隨著權力從嬰兒潮
世代轉交到千禧世代手中，憤怒的多數超越富裕的少數，
民粹主義運動將繼續成長。政策會從央行和貨幣政策，
轉向直接幫助多數人的財政政策（見圖 16.5）。出現這
種情況後，金融資產會陷入掙扎，股票和證券會急遽下
跌。年輕世代會強勢帶來新的思維，薪火從老一輩傳承
至新一代。這是超級循環勢在必行的現實，這個時鐘永
遠準時，而且永不停歇。

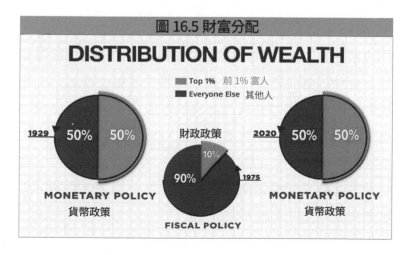

圖 16.5 財富分配

DISTRIBUTION OF WEALTH

Top 1% 前 1% 富人
Everyone Else 其他人

1929　50%　50%
財政政策
10%
90%　1975
2020　50%　50%

MONETARY POLICY
貨幣政策

FISCAL POLICY

MONETARY POLICY
貨幣政策

——週期

鐘擺改變方向之前和之後的動量和速度，進一步解釋了大循環。鐘擺盪到高峰時會停滯最久，這些時刻在大循環裡代表重大事件即將到來。我們如今就處在這個時間點。前個世代的思維，已經被新的思維取代而改變方向。千禧世代和保守年老的嬰兒潮世代，開始往反方向拉扯。

1930 年代至 1970 年代的轉變，是從個人主義高峰轉向群體主義高峰。曾經在 1929 年達到高峰的貧富差距，毫不意外地在 1975 年來到史上最低點。鐘擺最高峰的風險最大。在群體主義高峰時，遇到的問題是通膨；在個人主義高峰時，遇到的問題是通縮。因此，利率從 1930 年代的 0% 成長到 1970 年代的 20%。45 年之後，利率又回到 0%（見圖 16.6）。

圓圈完整了。千禧世代肩負著祖輩還不出的債務。美國政府有 63% 的年度預算，都以社會安全、醫療保險和醫療補助的強制性支出形式，花費在老年人身上。不平衡的資金流向會引發勢在必行的進展，千禧世代會選出新的領袖通過法案，將資金流直接導向自己，而非富裕的嬰兒潮世代。民主黨在 2020 年主打的競選策略中，幾位候選人就承諾豁免學生貸款、提供免費健康照護，終極目標是全民基本收入。

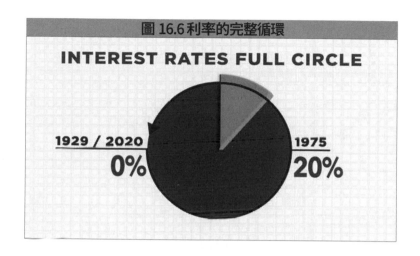

圖 16.6 利率的完整循環

導致經濟大蕭條的股市崩盤，發生在 90 年前的 1929 年 10 月，引發了長達 10 年，可說是近代最慘烈的經濟蕭條。在此之前發生的事，是早期聯準會推動巨大債務泡沫而飆高的股市。上一個 10 年也出現類似的軌跡，聯準會操控貨幣，造成股票和債券上升到新高點。

當我們以超級循環和兩個 180 度鐘擺的角度看待世界，改變就成為自然的現象，我們應當大方擁抱接納。為期 90 年的週期即將自然結束，轉變勢在必行。大循環的結局落幕，我們即將迎來另一場改變集體思維的危機。2020 年代將面臨的**大貶值**會造成思維轉移，轉往新的方向，資金將從老一輩流向新世代。

——週期

17
全境擴散

Contagion

　　我們人類有一個根深蒂固的缺點，這個「程式錯誤」讓人類持續犯下相同錯誤，一遍遍重蹈覆轍。這個盲點可用數學曲線「**漸近線**」來解釋。

　　漸近線是 X 軸和 Y 軸平面上的曲線，到了某一點會隨著曲線趨近於無限大。這種曲線是**非永續指數型成長**的結果。當成長曲線碰到漸近線，就會成為一條直線。我接下來會說明，大腦無法快速領悟**指數成長**，而人類持續遭逢的危機，其實只是再也無法承載的漸近線。

　　了解漸近線讓我們在事情發生**之前先看到**結論。這是大循環的完整基礎，也解釋了為什麼人類注定每 90 年就重蹈覆轍，一遍遍陷入循環。當指數成長**發生時**，人類並不會察覺。我們的大腦不會快速處理抽象概念，就是人類的這個限制導致危機出現，也因此我們總是覺得黑天鵝突如其來。

　　為了更好理解如何將漸近線概念應用到人生上，我們先想像一名男子在 75 歲生日當天心肌梗塞發作。醫生說如果他再多吃一根薯條、多抽一根菸、多喝一杯酒，可能就一命嗚呼了。他的心臟病不是生日前一天做了什麼造成的，而是因為數十年來糟糕的生活方式積累而成。他的冠狀動脈不是一夜之間從健康變成梗塞，而是持續發展形成的問題。壞習慣是累積數十年才會形成的。

──全境擴散

心臟病就是漸近線，是危機發生的時刻。這時他如果想繼續活著，就必須大幅改變他的生活方式。所以這個心臟病危機不是憑空出現的黑天鵝，而是可以預期的結果。這種情況下，可以做很多事來避免危機發生。漸近線定義了危機的出現，如果想要預知未來，就一定要理解這條曲線的變化。

首先，讓我們認識一下頭腦的功能限制，現代科學也仍在努力全面理解大腦。我們知道大腦由許多特定區域組成，這些區域功能互補，負責管控我們的自主和非自主行為。人類演化到這個程度，一般人的大腦普遍比較擅長計算具體想法，而非想像抽象概念。相較於理論上、精神上或轉瞬即逝的事物，我們的大腦更容易辨別有形的物體，例如人、地方和各種東西。問題變得具體時，人腦比較容易吸收。

指數成長是個抽象問題，因此人腦無法憑直覺辨別。這個不足之處，可能是人類一再掉入黑天鵝陷阱的頭號原因。黑天鵝問題看似是憑空出現，但事後回想起來才發現，其實不是無跡可尋。了解指數成長的實際面貌，讓我們得以在遭到摧毀前先發現危機的蹤影。

接下來這道八年級程度的，用來測驗全世界 14 歲青

少年的數學題，可以凸顯出人腦理解指數成長概念時遇到的自然限制：**假設有一分錢每天都倍數成長，持續一個月，你能不能快速猜猜看到了月底會變成多少錢？**

大多數人聽完問題，都會立刻猜 500 美元左右的數字。

現在讓我們來算算正確答案。一分錢每天都兩倍成長，若是經過一個月 28 天的二月，總共會有 135 萬美元；假如經過 30 天會有超過 500 萬美元，過了 31 天則會超過 1000 萬元。算過這道題目的人看到正確答案時，幾乎都會驚訝得倒抽一口氣。

事實令人意想不到，這不是因為數學太難，而是因為我們的**本能**反應就是大幅**低估**答案。一般人不會理解如此淺顯易懂的現實，除非他們真正關注自小就明白的道理。即使知道了正確答案，大部分人還是**不相信**這就是答案，而會堅持繼續計算，接著才會接受答案。因為這**感覺**太不可思議了。一分錢倍數成長是八年級學生的數學題，這道題讓他們理解**指數成長**神不知鬼不覺的一面。習慣具體事物的人腦，會掩蓋指數成長的事實，即便這件事就發生在我們的眼皮底下。歷史不斷重複的根本原因，就是這個人類與生俱來的缺點。

接連看到這幾個數字時，受試者的大腦出現了有趣的

——全境擴散

變化。數字到了每個月最後幾天開始越變越大，答案的
數值範圍也越來越明確。我們的第六感通常在第 25 天，
也就是數字變成 16 萬 7772.16 美元時開始發揮作用。
這個時候，大部分人都會發現自己原先的預估錯得離譜，
開始感覺到接下來會出現更大的數目。一直到第 27 天，
實驗進行到九成的時候，人腦才產生超越感知的警覺，
意識到即將出現非常大的數字。這個時候，我們的大腦
突然就能看清接下來的方向（見圖 17.1）。

　　直到最後一刻，我們才完整理解到底發生什麼事。如
果某個我們看得見、摸得著的具體物品呈現正比成長，
我們都要花這麼長時間才意識到，試想一下，像債務這
種非實體又看不見的概念呈正比成長，我們卻視而不見，

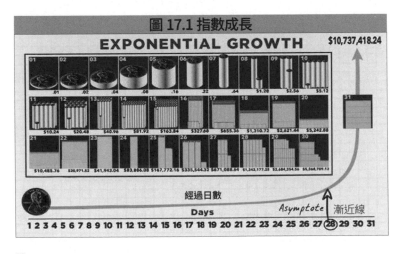

這是多麼可怕的盲點。指數成長是雙面刃，有**正面**和**負面效應**。若大部分人都沒有意識到指數成長的正面效應，也肯定不會意識到負面效應，因為這一點人腦更難想像。

人腦幾乎無法理解**看不見**的事物指數成長，這個概念可用另一個假設舉例說明。想像有一株致命的**傳染病病毒**，在晚上 11 點時被放入空玻璃瓶（見圖 17.2），唯有最高級的顯微鏡才能看見這株病毒。假設晚上 11 點過後的每一分鐘，玻璃瓶中的病毒都會呈倍數成長，到了午夜，瓶中就會有滿滿的病毒。瓶子一旦滿了，病毒就會傾巢而出，再也擋不住這種致命傳染病。

大家可以先想想看，玻璃瓶是在什麼時候只有半滿？聽到這個問題，大部分人都會猜玻璃瓶在晚上 11 點 30

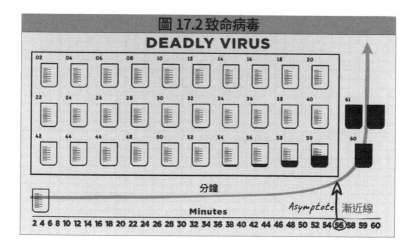

圖 17.2 致命病毒

——**全境擴散**

分達到半滿，但這個問題其實跟一分錢倍數成長的問題相同。

肉眼無法看見一株病毒。雖然致命病毒一直維持指數成長，以人眼來看還是覺得彷彿什麼都沒發生。雖然我們知道致命病毒的數量在成長，卻沒有意識到這個問題，因為我們看不見。病毒跟一分錢硬幣不一樣，我們可以想像硬幣在眼前慢慢變多，但 11 點 15 分、11 點 30 分，乃至於 11 點 45 分的病毒就算增加得再多，我們仍然看不見。

即便實驗進行到第 53 分鐘，玻璃瓶還是只有 1/238 滿，此時另一個實驗的一分錢已經增長到 4 萬 1943.04 美元。與此同時我們已然明白，錢幣的數量會變很大，而且急遽增長。至於病毒，同樣過了 53 分鐘，我們卻才剛開始觀察到病毒的存在。在此之前的 52 分鐘完全沒有異狀，彷彿沒有壞事會發生。

到了 11 點 57 分，玻璃瓶還是只有八分之一滿。根據前 56 分鐘的觀察經驗，我們還是沒察覺接下來三分鐘會發生天翻地覆的變化。第 58 分鐘，玻璃瓶達到四分之一滿，但我們還是一點也不擔心，因為瓶子還有四分之三是空的。

一直到午夜 12 點前的一分鐘，玻璃瓶才達到半滿。

即使到了最後關頭，我們還是沒感受到問題的急迫性，因為快到午夜了，瓶子還有一半是空的。即使我們已經知道致命病毒是指數成長，也意識到這個問題，我們還是會低估問題的急迫性，因為我們是依據前 59 分鐘的毫無動靜判斷當下的情況。

這個例子呈現了人類面臨的第二個挑戰，以及為什麼我們會重蹈覆轍。不只因為我們嚴重低估指數成長的威力，更因為我們有**第二個限制：人類會利用過往的經驗預測未來**。我們親眼看著致命病毒成長，卻沒意識到數量是以倍數增加。我們腦中所想的是前 56 分鐘，玻璃瓶內看似毫無動靜的經驗。我們對未來的預期，建立在整個實驗的前 93% 所觀察到的經驗上，而沒有預期到最後 7% 時間的實際情況。

大腦會欺騙我們，讓我們以為未來就跟以前一樣。即使到了午夜前一分鐘，玻璃瓶已經半滿，大腦還是會認為 50% 不是問題，我們還有很多時間。當然，那時為時已晚。

這就是人類的盲點。事後回想，黑天鵝帶來的災難並不是如此令人措手不及，而且恰恰相反。回顧史上發生的黑天鵝事件，我們會百思不得其解，當初為何絲毫沒有察覺。原因是我們**意識到指處成長**的時候，通常為時

——**全境擴散**

已晚。我們察覺到這個問題的時候,距離午夜已經只剩一分鐘,已經無處可逃。一旦走到這一步就大局底定,接下來的後果已勢不可擋。

指數成長的現象就是黑天鵝造成毀滅性影響的原因,黑天鵝總是憑空出現,總是把我們殺個措手不及。一般人甚至得到了午夜前一分鐘才察覺問題,那時已無力可回天。

病毒與一分錢的數學題如出一轍,兩者都在一段時間內呈倍數成長。對於我們看不見的東西,例如致命病毒,我們的大腦更難以吸收。當然,就算是病毒的實驗,我們還是會在最後一分鐘結束前產生不祥預感。在這個時間點,我們本能上會感覺到即將發生問題。這個具體的例子可以解釋,我們在沒有正確感知的情況下,為何及如何會一直犯下感知上的錯誤。我們把對未來的抽象期待建立在個人過往的經驗上,我們的眼睛欺騙大腦,讓大腦忽視眼前發生的現實狀況。變成漸近線的病毒成長折線圖,最能解釋這種認知上的限制。

回頭看看前面圖 17.2 的曲線在時間走到 90% 時,看起來都像是稍微向上斜的直線。但是接近結束的時候,曲線突然急遽上升,形成類似 90 度的直角。這條曲線就

是**漸近線**，也就是 X 軸和 Y 軸平面上往無限大延伸的曲線。預測漸近線的關鍵，就是了解曲線會在什麼時候向上折 90 度急轉彎。

並排比較兩張曲線圖，更能凸顯一分錢問題和病毒問題其實一模一樣。因為兩者的問題相同，計算方式都是**倍數**成長，所以曲線也會一致。但是當我們意識到驟然往上升的曲線，驚覺這是漸近線時，已經來不及了。屆時指數成長已經沒有懸崖勒馬的餘地。自然發現到漸近線時，通常為時已晚。我們一旦意識到即將出現漸近線，就能稍微了解接下來必然發生的結果。圖 17.3 以 X 軸和 Y 軸平面呈現美國國債的成長曲線圖，你有看到漸近線嗎？

川普政府的國債即將是歐巴馬政府的兩倍，歐巴馬政府的債務是小布希政府的兩倍，小布希政府的債務也是柯林頓政府的兩倍。美國國債在好幾年前就碰到漸近線了。正如午夜前一分鐘的玻璃瓶，我們如今與債務危機共存，期待著未來會與過去如出一轍。我們說服自己相信債務不是問題，事實上很多人都被說服了，相信債務是一套解決方法。霍華·馬克斯在他的著作《掌握市場週期》中，點出投資策略就是立基於相信未來會與過去相同。實則不然。漸近線的存在確定未來會發生改變，

——全境擴散

236

而且就像雲霄飛車一樣。

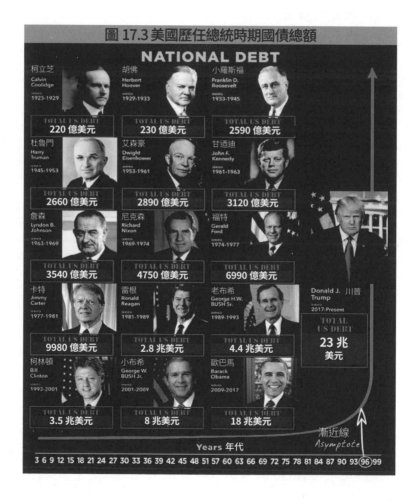

圖 17.3 美國歷任總統時期國債總額

——全境擴散

18
大賣空

The Big Short

　　誠如第 16 章所說,「crisis」(危機)一詞來自希臘文「krisis」,意思是「做出決定」,可以進一步解釋成「一連串至關重要或意義重大的時間點和階段,讓不穩的情勢可能發生改變」。如今的情勢確實不穩,債務的漸近線是全球面臨的挑戰。由於當初的決定是債務擴張,使我們面臨了危機。超級循環即將面臨轉捩點。了解這個決定是無法改變的事實,將會是在接下來 10 年投資勝利的關鍵。

　　想像一下你在海裡,盡自己所能地游到最遠的地方。當你游到某個地方,你會知道自己必須回頭,才能回到岸上。再往前游一下,可能就永遠回不了頭。在那個時間點,你必須做出選擇:回頭或死亡。如果你繼續游,就注定游向死亡。

　　央行事實上已經游得太遠,沒有回頭的餘地,他們唯一的辦法就是繼續往前游。這些央行高層雖然看起來浮在水面上,事實上只是在拚命踩水,而他們終究會沉下去。聯準會主席鮑爾,其實早在 2012 年 10 月的聯準會會議上坦承:

> 我對持續購入其實有所顧慮。如同其他人指出,交易社群可能會以 4 兆美元資產負債表坐收……我基

——大賣空

於幾個理由對此感到不快。首先，為何停在 4 兆美元？大部分情況下，市場都會鼓勵我們繼續下去，因為對市場而言永遠不夠……我們該出售或甚至停止購入的時候，可能會引起強烈反彈……我覺得我們似乎太有自信，相信自己可以游刃有餘地退出。

　　鮑爾的言論很有先見之明。就任聯準會總裁後，他嘗試正常化和改變貨幣政策。他調升利率、壓縮資產負債表，卻造成股票和債券下跌。雖然不是大幅度變動，但小小上升 0.75 個百分點就差點讓系統崩潰。鮑爾學到教訓，這就是利率調升「一點點」時會發生的事。

　　這次事件最重要的教訓，就是調高利率卻不讓市場崩潰，然而這是不可能的。此時唯一的辦法是繼續往前游，於是聯準會的手腳大力划動著。從 2019 年 8 月至 2020年 2 月，聯準會被迫透過隔夜附買回市場注入流動資金。隔夜利率崩盤，迫使聯準會在 COVID-19 疫情爆發之前印製超過 5000 億元美金，鮑爾卻表示「這不是量化寬鬆」。

　　忘記歷史的人注定重蹈覆轍。現在世界面臨與 90 年前相同的債務挑戰，當時造成長達 10 年的蕭條，最後以戰爭收場。如今，全世界都病了。我們因為同一種疾病

而一步一步走向死亡，那就是太多的債務。

　　每個國家都背負數量可觀的債務，面臨極大的預算赤字，導致不可能解決的龐大債務負擔。今日與 90 年前不同，沒有「健康」的國家可以拯救世界了。這個差異將加速前往下一次重置的歷程。下一次的重置不同以往，不是承受了 10 年的經濟蕭條後接著打仗，再迎來長達15 年的重置歷程，下一次貨幣重置會在接下來四到五年發生，而且會快速席捲而來。

　　各國央行創造的猛獸，如今將回頭吞噬他們。他們長期以來將利率控制在低點，摧毀了景氣循環自然的漲落週期。利率自然升起如今成為一大阻力。實質成長越多，我們的償債費就會越花越多（見圖 18.1）。

圖 18.1 「成長越多就積欠越多」

——大賣空

我的預測是，聯準會永遠不會願意再次提升利率。債務已經累積太多，我們只能預期聯準會唯一的作法是想辦法放寬條件。聯準會將變出新戲法持續操控系統，所以請留心各式各樣新奇複雜的字詞和政策工具。接下來幾年我們會看見負利率、量化寬鬆、雙重利率、附賣回交易、殖利率曲線控制和股票買斷交易。這些極端政策頻頻浮上檯面，準備在接下來經濟衰退時實行。預期到接下來幾年大規模貨幣寬鬆的精明投資客，可以為獲得最大利益做好準備。

這個新典型提供了大量機會。一旦我們了解聯準會現在別無選擇，只能繼續向前游，就能利用這一點讓自己準備好，迎接即將到來的財富。如今只能削弱美元，別無選擇。聯準會的資產負債表會在接下來五到七年間，膨脹到 20 兆美元。真正的問題是，這件事將如何發生。

總共有三條路可走，但最後都會走向同一個無法逃避的終點。

繞過關卡往左走

傳統上，聯準會遇到經濟衰退時會降低 5% 的利率。但下一次經濟衰退襲來時，聯準會便無法再這麼做。這引出一個顯而易見的問題：若利率為 0 的話，該如何減

少 5%？答案就是大規模量化寬鬆和負利率。這就是為什麼貝南克建議採用負利率，為什麼葉倫建議實行極端政策，為什麼鮑爾總是採取積極行動「持續擴張」。他們都明白下一次衰退將重重打擊聯準會，他們會採取所有想得到的策略搶得先機。

我預估聯邦資金利調降 5% 時，每調降 1%，聯準會都需要將資產負債表擴張 5 兆美元。不幸的是，0% 利率之後會變成負利率，還有好幾兆美元的量化寬鬆抵擋緩下來的趨勢。根據目前的利率水準，預計聯準會需要將資產負債表增加 15 兆美元，才能避免經濟衰退。若這件事令你無法接受，請想想聯準會在 2008 年已經調低利率 5%，接下來還是得將資產負債表增加 3.7 兆美元。面對下一次經濟衰退，情況將如同 2008 年，聯準會的資產負債表將增加五次。但是此時此刻，股票市場不會再達到前所未有的新高。在這種情況下，資產負債表擴張的影響就有限。雖然股票和證券市場不會崩盤，但目前的股市已經高得離譜，應該難以再繼續上升。聯準會將面臨的另一挑戰，就是任何在 2020 年大選前發生的衰退情形，都會讓聯準會更難操盤。

之前即將到來的 2020 年大選，還有政府和企業因應疫情肆虐而產生的經濟洪流，聯準會已經盡量保持中立。

——大賣空

2020 年初發生資產拋售時，聯準會介入了。鮑爾無力的作為換來總統猛烈的推特發文和指責。

此時唯有透過財政政策大量投入，才能避免市場陷入困境。躲避痛苦不是長久之計，某個時刻總會發生嚴重的問題。聯準會的貨幣政策是否仍是唯一的方式，因為他們別無選擇，只能讓資產負債表增加到 20 兆，這會被市場和政治人物捧為「必要」的手段。

繞過關卡往右走

民主黨在 2020 年總統大選提出極左社會主義政策，許多人認為太過極端，難以贏得全國普選票。雖然 2020 年大選的結果可能如許多人的預測，但別忘了一件事：90 年前，小羅斯福總統甫上任時採行的社會主義政策，對三年前的美國人而言還是荒誕不羈的想法。1930 年代席捲全球的社會主義，在三年前的美國幾乎毫無蹤影。經濟繁榮時看似極端的政策，可能會在危機降臨時成為必要手段。

華倫和桑德斯（編按：兩位民主黨的初選參選人，後來的結果在中文版出版時是喬‧拜登代表民主黨參選，並贏得了總統大選）的政策現在看起來極左，但其實與小羅斯福的政策有諸多雷同。不論是誰代表民主黨出線，

他們都會推動類似小羅斯福在經濟大蕭條期間實行的政策。我們只需要看現代貨幣理論，以及綠色能源法案的名稱「綠色新政」，就能看出現在與90年前的相似之處。聯準會最樂見的情況，就是全球政府採取大量財政刺激。現在集體思維已經朝那個方向前進。甚至連準總統候選人喬·拜登（Joe Biden）都更加左傾，準備採行相關政策，大幅推動新財政開支。

免費健康照護、免除學生貸款和現代貨幣理論，都是由極左的候選人提出的社會主義政策。同一時間，曾經一度公開支持健全貨幣、小型政府和平衡預算的共和黨員，卻面臨史上最大的赤字。已經沒有政治人物支持「健全貨幣」了。所以不管哪一黨獲勝，赤字只會越來越大，而且變化程度更勝以往。不論政黨派別，現在債務成了正面工具。2023年時，我們可能會面臨高達2兆的年度赤字。若經濟衰退襲來，數字可能增長到每年4兆。國債總額會在接下來五年直線竄升，債務指數成長的漸近線勢不可擋。

花更多錢是兩黨政治體系唯一達成的共識。幾年來，兩黨達成一些共識，花更多錢讓赤字越堆越高。當兩黨都同意某件事時，這件事就不再只是政治考量，而是勢在必行。

——大賣空

　　若想知道全球財政政策的方向，特別留意德國中央銀行就對了。德國最著名的節儉政策，在過去 10 年飽受歐洲各國批評。當歐洲各國想採用寬鬆貨幣政策時，德國卻堅守自己的立場，而且持續至今。最近德國財政部長蕭茲（Olaf Scholz）被迫讓步，他表示平衡預算永遠不能「神化」。當支持健全貨幣的最後一道防線崩塌，就知道大局底定。接下來就是政府大量花費更多錢，赤字越滾越大。

　　當財政水龍頭開到最大，利率將一路飆升，徹底失控。這將會逼得中央銀行購買大量債券，出手控制短期利率。結果就是貨幣與財政政策以前所未有的方式合而為一。

飛越關卡：負利率

　　大貶值必然到來，但是過程不一定會漫長磨人，也有可能剎那間發生。小羅斯福 1933 年頒布行政命令使得美元貶值，尼克森 1971 年關閉黃金窗口，可見過去 87 年來就發生過兩次貨幣貶值，兩次分別在鐘擺兩個高峰，都是美國面臨難以掌控的債務危機之時，而且都發布了行政命令。美元勢弱能夠裨益全球，那麼總統如何讓美元轉弱呢？

美國總統有許多方式可以讓美元走弱，其實不會太困難，受阻撓的機率也不高，過去大眾甚至讚揚羅斯福和尼克森「做了必要之事」。川普和聯準會的紛爭大概也會往這路線發展。

川普在任以來，嚴詞批判聯準會和鮑爾不願讓美元走貶，並點出進口國家能降低對美元的匯率取得不公平競爭優勢。川普深知強勢美元政策不利於出口，進口國家也會從中得利，下次經濟危機來臨時，他便能利用職權，透過行政行為迫使聯準會讓美元貶值。他已經準備讓聯準會背卜經濟問題的黑鍋，也在鮑爾升息後大力斥責。若遇上經濟衰退，川普必會要求推動負利率，萬一聯準會不配合，川普還是可以採取緊急行政行為，直接讓美元貶值。

川普一直強力主張美國需要負利率，「因為這樣政府借錢還能賺錢」。川普 2016 年競選總統時，告訴《華盛頓郵報》：「我八年內會消除美國公債。」方法正是負利率。當利率轉負，聯準會就可以買下所有公債後一併消除。川普的計畫和左派相去不遠，他想要用貶值的美元來墊付赤字，左派的作法會是透過極端的財政政策達到同樣目的，日本就是個例子。

日本已經「管理」經濟近 30 年。日經指數 1990 年

──大賣空

暴跌，日本央行出手介入，支撐垂危的經濟至今。他們已調降利率為零，這方法失效便推行數輪量化寬鬆，購入政府債券，又失效便降息至負值。現在日本央行公開收購國內企業股份，政府成為股市最大股東，而央行逾三年來也不斷實施負利率。日本央行向市場持續投放資金，並且持有高額公債。

有些人呼籲美國效法日本（見圖 18.2），但是在一頭熱之前，可別忘了日本股市 30 年前崩盤後，至今仍未重回當初的水準，意即上述的政策都失敗了。透過央行掌控經濟並非值得高興的舉措。因為有央行收購公債，日本政府得以每年穩定消除高達 7200 億的公債；因為有負利率政策，回購公債零成本，央行得以將公債一筆勾銷。然而，回購公債也導致了資產負債表擴張。

負利率是聯準會資產負債表規模上探 20 兆美元的第三種方式，也是對投資人最有利的情況。如果知道最後迎來的是弱勢美元，我們只要根據這結果調整投資組合即可。傳奇投資大師吉姆・羅傑斯（Jim Rogers）說：「各國央行只要還有必要，就會延續現在瘋狂的舉措。這一切了結後，未來會變得很慘……下輪經濟崩潰將是我有生之年見過最糟的。」

美國可以繼續印鈔還債，或是用來應付其他支出。如

圖 18.2 美日經濟形勢比較

日本成長 40 年

日本 1950 年至 1990 年經濟擴張，那段時期的經濟至今仍被視為人類史上最強大的成長引擎。二戰後，美國承諾提供上億美元的經濟援助，幫助西歐戰後重建，稱作馬歇爾計畫，日本也受惠於該計畫，從二戰到 1990 年間成為世界第二大經濟體，世界譽為「經濟奇蹟」。日本 1968 年的國內生產毛額 1500 億美元，1990 年足足增長為 20 倍，來到 3 兆美元，日經指數也在同年達到 3 萬 7500 的高點。

日本人口

日本人口組成也影響了日本經濟成長。日本人口從 1920 年到 1940 年大幅增長 50%，從 5000 萬人增加到 7500 萬人，這些人會在 1960 年到 1980 年達到收入高峰。激增的人口帶來經濟大幅成長，卻也在這些人口達到退休年齡後，成為過去 30 年經濟衰退的原因之一。經濟引擎不再幫助成長，反而隨著人口老化而減弱。日本 30 年來不論操作手段多麼極端，也沒有辦法推動經濟成長。

日本創新

日本有幾項創新發明，成功在那奇蹟 40 年間刺激該國經濟，以下列舉的幾項還只是冰山一角而已。

- 「子彈列車」新幹線
- 袖珍式計算器
- 藍光 LED（替節能電視的研發鋪路）
- 手機和電腦螢幕
- 索尼 Walkman 數位隨身聽（1979 年上市後舉世皆知，改變全球聽音樂的習慣，是真正可以隨身攜帶的收音機）

美國成長 40 年

美國自 1980 年至今大幅成長，國內生產毛額從 2.8 兆美元翻升將近 7 倍，來到 21 兆美元，提供全球經濟成長的動力，道瓊指數也從 820 點漲到 2 萬 8000 點，漲幅 33 倍。神奇的是，美國這 40 年的股市和日本奇蹟 40 年的成長雷同。日經指數翻升 34 倍達到最高點，道瓊指數過去 39 年的漲幅則是 33 倍。

美國人口

美國和日本的人口樣貌相仿。美國二戰後出現嬰兒潮，1946 年至 1964 年間有 8300 萬出生人口，與在此之前的沉默世代相比多了 3300 萬人。日本人口暴增 50%，美國則是 60%。

1982 年到 2000 年是嬰兒潮世代的收入高峰，所以美國也會和日本面臨同樣的問題。2016 年到 2034 年，每天都有 10 萬人邁入 70 歲，與 30 年前的日本驚人地相似。

美國創新

美國許多科技都領先全球，寫都寫不完，多到難以和日本比較。值得一提的是蘋果的 iPod，因為這是過去 20 年最廣為人知的發明，賈伯斯以「把 1000 首歌裝進你的口袋」為其宣傳，成為現今最具代表性的廣告詞之一。iPod 於 2001 年問世，影響程度不輸 22 年前的 Walkman。

果利率為負，就能跟隨日本的腳步（見下頁圖 18.3）。

如果聯準會買下美國所有公債，資產負債表就會從 4 兆美元擴張到 27 兆，但這本來就是資產負債表現在的走

——大賣空

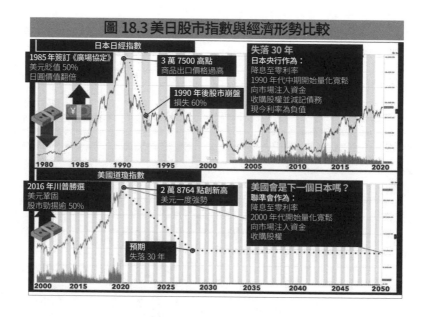

圖 18.3 美日股市指數與經濟形勢比較

日本日經指數

1985年簽訂《廣場協定》
美元貶值 50%
日圓價值翻倍

3 萬 7500 高點
商品出口價格過高

1990 年後股市崩盤
損失 60%

失落 30 年
日本央行作為：
降息至零利率
1990 年代中期開始量化寬鬆
向市場注入資金
收購股權並減記債務
現今利率為負值

美國道瓊指數

2016 年川普勝選
美元鞏固
股市勁揚逾 50%

2 萬 8764 點創新高
美元一度強勢

預期
失落 30 年

美國會是下一個日本嗎？
聯準會作為：
降息至零利率
2000 年代開始量化寬鬆
向市場注入資金
收購股權

向，聽起來很瘋狂吧？川普 2019 年 11 月在紐約經濟俱樂部（Economic Club of New York）的演說說道：「與我們積極競爭的國家中，很多都公開降息，他們在償還貸款的時候還能多拿錢，這就是負利率⋯⋯我也想賺這種無償得來的錢。」

　　大貶值即將來臨，川普已經明確公開他促成大貶值的計畫，上述言論讓我們可以一窺他消除公債的策略。聯準會資產負債表的擴張無可避免，真正的問題只有一個：大貶值會在經濟崩潰**之前**發生，還是在那**之後**作為

對策？川普最大的難題是，唯有股市崩盤，美國才可能將利率調降至負值，所以川普若要執行他的計畫，就必須坐穩寶座，掌控搖搖欲墜的股權市場。

約 28 個交易日之後（長遠思考）

2020 年 1 月 29 日，我主持了一場「黑天鵝危機」（Black Swan Crisis）網路研討會。那場研討會的訂閱數超過一萬人，活動迅速竄紅。我當時發表了個人著作《十年報告》（The Decade Report）的內容，向聽眾預測聯準會資產負債表將在未來五年擴張至 20 兆。我 10 個星期前才剛交出書稿，重讀一次草稿後發現我早期的預測相當精準，感到非常驚訝。COVID-19 使各國央行主動將資產負債表擴張 50%，在人民眼中成為**英雄**。這樣的擴張不過是短短數週內的事，可以預期後續肯定會越來越嚴重。縱火的來打火，央行帶著無上限的汽油來到火場，撲火的方式是火上澆油。

這也就是為什麼我請各位一起來細想我的預測結果。我相信歷史會重演。第四部會帶大家一窺未來。

——大賣空

第四部

大升值，
向錢看

The Great Revaluation and a Look at the Future

19
汽車技師

The Mechanic*

* 電影中文片名為《極速秒殺》

與其把貨幣制度當作可以提供完美價格信號的精密機械，不如將其視為陳舊不堪、隨時可能拋錨的汽車。

現有貨幣制度和我大學的車很像。我大三時，媽媽送我一輛 1980 年式克萊斯勒 Town & Country 旅行車。那是輛側邊鑲有木紋裝飾的十年家用中古車，已經在我家車道閒置兩年，積了一堆落葉，媽媽送我之前還得先更換變速箱。所幸變速箱換新的效果似乎不錯，剛開始車子開起來挺順。

我接手車子不久，車就開始漏油了，不管也不行，因為車子停泊之處鐵定會留下一灘油漬。若要解決這問題，車子勢必得進廠維修，還要耗費一筆錢更換油底殼和其他零件，即使如此，窮酸如我還是到附近的連鎖汽車百貨估價。店裡的技師說，如果現在不好好處理漏油問題，之後只會更加嚴重，建議我至少要確保車子機油不斷，否則引擎就會故障。

思考過後，我決定自己每隔幾週添注一罐機油就好，畢竟機油每罐才 1.5 美元，我不必掏出 189 美元的維修費，也不用忍受送修時無車可開的窘境。這方法算是有效，我也可以接受，可惜好景不常，過不了幾個月，需要添機油的頻率漸增，從數週一罐變成一週一罐，所以我又回去驗車，結果聽到不想聽到的消息。技師說，不

——汽車技師

但漏油問題如他預測般惡化，連變速箱也漏油了。他建議我重建變速箱，但是過程要耗費三週，還得花上 1200 美元。我聽了之後當然完全不考慮。哪個大學生有這種閒錢？

有個短時間應急的方法是定期添加變速箱油。我每天上學前都會檢查機油和變速箱油剩多少，活像個初級汽車技師。我以為只要夠勤勞，車子就可以繼續使用，然而漏出在車道上的油漬卻從原先的黑色變成髒髒的暗紅色。

不幸的是，引擎和變速箱漏油還只是車子一系列問題的開端而已。車子只要運行超過 30 分鐘，引擎就隨時可能過熱，幾乎每兩天就要補充防凍液和水。後車箱總是堆滿許多機油罐、變速箱油桶、防凍液瓶和水壺，因為我得靠這些才能讓汽車突突前行。我本來以為可以便宜解決問題，花費卻很快增為每週 20 美元，而且還不包括油錢。我每週得在麥當勞多打工五小時才能負擔車子的「流質食物」。

正當我以為事情不能再糟的時候，汽車水管爆裂了，我的苦差事又添上幾筆。為了延長車子壽命，我得用布膠帶纏住水管，甚至每次倒車壓過阻車柵後，還必須替前輪注入補胎液。

最後那輛車還是完全報廢了。我有次打 R 檔的時候，車子不但沒有照著方向盤的方向倒退，而且還往前暴衝，撞毀了車庫門。我接下來六個月都只能搭公車去打工，薪水也全部拿去修復我搞出來的破壞。

汽車原本應該象徵我的自由，可是剛出狀況時，我沒有投資金錢和時間修理，又沒有足夠智慧直接報廢車子。那輛車已經無法應付我的需求，我還試圖與它共存亡，最後落得滿身債務，身上只剩下賓州東南捷運（SEPTA）月票。

我認為以上這故事可以完美類比我們的經濟體系。全球最大避險基金創辦者瑞‧達利歐（Ray Dalio）曾說，我們應將經濟和貨幣制度視為一部機械。「經濟之車」1944 年透過布列敦森林體系生產製成，新車效能正值巔峰，引擎墊片不會漏油，變速箱齒輪也不會打滑，一切運轉順暢。那是個黃金年代，全球經濟繁榮近 25 年。

隨著時間過去，機械效能逐漸降低，到了 1971 年，手動變速箱開始打滑，必須徹底檢修。為了解決問題，時任總統尼克森宣布關閉黃金窗口，美元和黃金脫鉤，成為法令貨幣。這項政策正是全球經濟所需的新變速箱，可以幫助車子跑得更快，好像幫「經濟引擎」增壓一樣，

——汽車技師

各國得以透過舉債和印鈔來提升表現，經濟之車於是有了新的「公債機油」。在此之前的 25 年，美國公債僅從 2590 億美元增加到 3540 億美元而已，漲幅並不大。

到了 1980 年代，汽車操勞到經濟引擎必須耗掉大量公債機油。美債巨幅擴張，從 3540 億漲到 2.4 兆，車子以驚人的速度在高速公路奔馳。公債機油是幫助汽車加速的魔藥，讓政府的支出能夠遠高過稅收，全球經濟引擎變成一部龐大的**債務機器**。

然而，後來一切都崩垮了。時間來到 1987 年的黑色星期一，經濟引擎故障不動，當時新上任的聯準會主席格林斯班化身汽車技師，發覺引擎不只失靈，還漏了一大灘油。汽車太過奮力衝刺而出了狀況，沒辦法送修的情形下，最快解決方法就是多加點油。格林斯班於是拿出加油漏斗，倒入一桶「低利率」。

自此只要車慢下來，聯準會的技師就會直接降息，但是引擎仍然漏油不止。車況時好時壞，漏油情況不減反增，車子在 1992 年、1998 年和 2000 年都差點拋錨（見圖 19.1）。

引擎每失靈一次，汽車損害就益發嚴重，需要的油量就越多。聯準會技師不停調降利率，但是沒有人願意直搗問題核心，將汽車送進廠內徹底檢修，反而決定多加

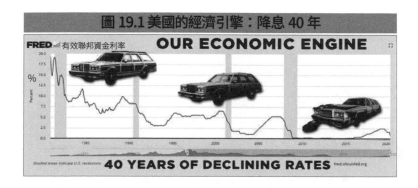

圖 19.1 美國的經濟引擎：降息 40 年

點油來彌補漏出的量。聯準會技師知道引擎壞了，但是修好引擎的成本太高，所以選擇多加點油。

只要格林斯班夠勤勞，他就能靠著多加油來維持汽車運轉。聯準會不顧擺在眼前的汽車瑕疵，也不管直接投入時間金錢修好引擎多麼必要，決定圖一時方便把利率降了又降、公債機油加了又加，在真實世界的「經濟車道」留下一大灘油漬。

格林斯班 2006 年交棒給貝南克時，美債已經攀至 8 兆美元。格林斯班的 20 年任期內，美國明明沒有那麼多錢還是持續加油，想當然最後引擎損壞、變速箱故障，經濟整個停擺，車子發不動了。

這次光靠加油已經不夠了。不論引擎倒進多少公債機油，車子不動就是不動；利率降到 0%，車子還是動也

——汽車技師

不動。聯準會車道上 30 年前的全黑油漬還只是少少幾滴，後來演變成一大灘公債機油。就像我媽送我的旅行車一樣，貝南克接手的經濟之車是輛不折不扣的檸檬車，瑕疵百出，可謂車王中的車王。

貝南克沒有將汽車停進「長期衰退車庫」，反而決定出新招延續汽車壽命。除了原本就要加的公債機油之外，他還打算用新的變速箱油來因應變速箱故障的問題。這款新油叫做「量化寬鬆變速箱油」，和高劑量的公債機油搭配使用後發揮作用，讓引擎再度加速。新油效果非凡，貝南克成了救世主。貝南克的新招數讓他聲名大噪，登上全球各大經濟雜誌。格林斯班本來就有「大師級技師」的美譽，繼任的聯準會技師只要保持汽車飛速行駛，聲望就會跟著越來越高。

可惜引擎並非正常運轉，油漏得到處都是。每次貝南克想要減少變速箱新油的用量，車子就會過熱熄火，車子慢下來時，加油變成唯一解，結果第一輪量化寬鬆接著第二輪，第二輪又接著第三輪。公債機油已經加到最滿，利率則維持 0%，此際聯準會技師已經學會要常備機油和變速箱油，因為引擎隨時可能停擺，而確保車子繼續運轉的唯一辦法就是持續添油。

葉倫接任後每天都會把油加到最滿。她很勤勞，想確

保在任期間車子絕不拋錨，所以大量要求公債機油和量化寬鬆變速箱油，深怕別人發現引擎狀況多糟或是漏油情形多嚴重。原本聯準會車道上那灘黑油轉為髒髒的暗紅色，流出的油液匯聚成湖，美國可說是完全浸在油中。這期間美債漲了 1.5 倍，直達 20 兆。

時間來到 2018 年，鮑爾成為新的聯準會技師（見圖19.2）。不知為何，他比前幾任技師都還要信任引擎的狀況，因而反對每天加油，決心去除多餘的油，也全面停止注入變速箱油，甚至任由利率上漲。鮑爾罔顧川普、投資專家和聯準會其他官員的警告，堅信壞掉的引擎會自行修復和運轉，並且認為引擎狀況比任何人想的都更好。

鮑爾實在不是個好技師，他的舉措讓破爛的經濟引擎

圖 19.2 美國經濟衰退時，聯準會擴張資產負債表「加油」

——汽車技師

再度故障。鮑爾受到總統施壓後，策略立馬 180 度大轉變，原本答應上升的利率再度下降，說好「終止量化寬鬆」卻換湯不換藥，將量化寬鬆變速箱油偷偷改名為「附賣回交易」注入車體，帳列於聯準會的資產負債表。豈料引擎很快又發出異音、停止運轉，逼得鮑爾注入越來越多「非量化寬鬆油」，瘋了似地在資產負債表列上每月 500 億美元的附賣回交易。資產負債表飆回 4 兆以上，但是幾乎無人察覺，大家的注意力只放在創下歷史新高的道瓊指數上。

新添的油液讓股票飆漲、衝出好成績，債券殖利率也掉回 0%，川普大力吹噓此為「美國史上最強盛的經濟」。雖然好評天花亂墜，鮑爾卻從過去經驗明白，經濟引擎隨時可能故障，到時候他也無力回天，只能把整輛車扔到廢物堆積場，所以他能做的唯有竭盡所能防止車子再度拋錨。

接著 COVID-19 疫情爆發，整個變速箱掉出車外。這情況好比汽車在攝氏 49 度沙漠高溫下拋錨，車子四處漏油、噴油，液體流得到處都是，車子過熱、防凍液漏出、水管爆裂，經濟之車真的完蛋了。這輛車已然成為全球財政制度下的檸檬車，我們用盡各種方法延長其壽命，卻終究毀壞了這輛車。

當時只剩下一個辦法行得通，鮑爾甚至不需要叫道路救援拖吊，因為這是他的大好機會。過去，聯準會的技師添油只能偷偷來，但是這次的危機給了他們採取激進手段的理由，完全可以向大眾交代。現在鮑爾等同全身赤裸站在汽車與大眾面前，旁邊還有艘巨大油輪為車子注入油液。財政政策要像傾瀉不止的水龍頭一樣流出，水流絕對不能減速，印鈔不能停！鮑爾承諾供給無上限的公債機油。

COVID-19 疫情爆發後的六週之間，聯準會將公債機油加滿、降息至 0%，另外倒入 2.6 兆美元的量化寬鬆變速箱油，注入無上限的新防凍液（新增與多國央行換匯額度以挹注美元流動性），把水倒進散熱器（收購投機級公司債等垃圾債券），並用布膠帶填補水管破洞（引入新規，同意財政部投放 5000 億美元紓困資金）。

努力這麼多的結果是什麼？經濟之車生產目的是為了帶來自由，現在卻成了束縛。聯準會從次貸危機至今十年操縱下創造出的工作機會，在六週內全數盡失。美債今年將飆破 25 兆，很可能在明年底突破 30 兆大關，是美國國會預算局預估 2025 年才會達到的數目。

公債機油需求越多，黃金價格就越高，這也是為什麼過去 18 個月來黃金價格漲了將近 50%。投資專家如同

——汽車技師

專業車迷，他們早就預見這情形，在疫情危機前就大量買進一盎司 1194 美元的黃金，現在價格幾乎高達 1700 美元。未來維持汽車運轉所需的油量只會越來越大。

這樣繼續無止盡添加油液，會讓黃金價格衝得更高，總有一天引擎會耐受不住，黃金將昂貴到難以想像。

未來走向與政府思維不難預見，新策略不外乎是就是印更多鈔票，只是經濟明顯已然崩潰。股市如同汽車里程表，數字因為新油注入而飆高，可是現實世界是片沙漠，已經有 3300 萬人失業（參見圖 19.3），數百萬計的工作也即將流失，我們可以預期往後印鈔情況只會加劇。

現在唯一解方就是繼續提供這部檸檬車更多油液：公債機油、量化寬鬆變速箱油、換匯額度防凍液、散熱器所需的垃圾債券之水。另外還要用更多布膠帶固定水管。好消息是聯準會有用之不竭的油液，壞消息是經濟之車遲早會瓦解崩潰。

當眾人關注股市一飛衝天，我們看的則是加油的量。我們不知道車子何時會報銷，只知道這是輛檸檬車，要維持車子運轉只能注入更多油液，最後成本會比直接送修還高。問題是現在想修也已經太遲，一切都回不去了，要繼續前進只能不停印鈔，最後終將迎來**大貶值**。股市

可能會走高一段時間，但是公債機油是我們永遠掙脫不了的束縛，唯一解方就是加更多的油。在不久的將來，當我們轉身尋找身後支撐經濟發展的聯準會時，車子就會往前暴衝、撞毀車庫。

"I recommend you invest in oil. Prices are down now, but auto oil leaks are up."

我建議你投資油，雖然油價現在走低，但漏油量居高不下。

——汽車技師

20
黑白遊龍

White Men Can't Jump

　　金絲雀對一氧化碳和其他有毒氣體的敏感程度高過人類，所以礦坑裡常有金絲雀充當警示器。約莫 1911 年始，礦工會把金絲雀帶進礦坑以策安全，如果金絲雀昏厥就要趕快逃離現場，不然下一個昏倒的就是人類。礦坑裡的金絲雀於是很快成為「警訊」的代稱。

　　「經濟礦坑」各處都有奄奄一息的金絲雀。有發現政府推行負利率嗎？企業營收銳減但是股票飆漲？3000 萬人申請失業補助但是股票進入牛市？油價降到負 40 美元？聯準會購買垃圾債券？以上例子還僅是礦坑中垂死的金絲雀裡面其中幾隻而已。只要聯準會還在購買資產，我們就對這些金絲雀視而不見。金絲雀死去與聯準會的政策工具又有什麼關係？礦坑裡的金絲雀告訴我們，現有制度充滿隨時可能致我們於死地的有毒氣體。

　　然而現在還有誰在意呢？退一步來講，大難臨頭我們有能力察覺嗎？我們太習慣觀察並追隨聯準會的行動，眼睛已經看不見身旁死去的金絲雀。經濟之車完全報銷，礦坑即將爆炸。這時候要釐清的是，爆炸會是什麼情形呢？

　　債務大爆炸會影響一切，加碼印鈔是唯一解。既然我們知道未來會發生什麼事，就必須跳脫舊思維，思考新的問題。我為此設計了一份非正式的問卷，向我接觸到

——黑白遊龍

的每位股票投資人提問。這份問卷不會很複雜，而且只有三個問題，請跟著做做看。

　　問題一：「**你想贏嗎？**」這問題很簡單，大概人人都會立馬點頭，每位投資人都知道自己想贏。第二道題稍微困難，需要多加思慮後才能作答。

　　問題二：「**想贏很棒，你想贏在何時呢？**」每個人都能不假思索說想贏，但只有部分人知道他們想在什麼時候之前得勝。這題大家的答案都不一樣。問題二雖然比較難回答，但也不算回答不出來，多數人思考過後便能想出答案來，但是第三個問題幾乎難倒所有人。

　　問題三：「**太好了！那你如何判斷輸贏？**」這問題經常換來沉默不語和迷惑不解。大部分人反問：「我不太懂，你指的是什麼意思？」我接著會引述我最喜歡的電影中一句台詞作為回覆：

> 「有時贏其實是輸，有時輸其實是贏，有時不論輸贏都是平手，亦有時平手但其實勝負已分。」

　　這段話是蘿西培瑞茲（Rosie Perez）在《黑白遊龍》裡的台詞，話語中的智慧我銘記在心。我們怎麼知道自

己贏？這可能是談及即將來臨的**大貶值**時最重要的觀念了，能夠好好回答這問題的人才能在接下來十年變得富有。未來十年，**大貶值**肯定會把股市推向一個又一個的歷史新高，但是大眾關注著**樹有多高**的同時，投資專家著重的會是**根有多深**。

我們都聽過股市會繼續走高的論調，那正是為什麼華爾街鼓吹我們永遠持股。就字面上來說，他們也沒錯，股票的確看起來越漲越高。圖 20.1 是 1929 年至今的股市走勢，90 年來漲了 69 倍，長期的優異表現支持了華爾街的論點。

然而事實真是如此嗎？或者應該問，道瓊指數高升，

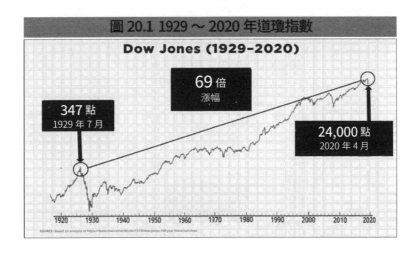

圖 20.1 1929 ～ 2020 年道瓊指數

Dow Jones (1929-2020)

69 倍
漲幅

347 點
1929 年 7 月

24,000 點
2020 年 4 月

1920　1930　1940　1950　1960　1970　1980　1990　2000　2010　2020

SOURCE: Based on analysis of https://www.macrotrends.net/1319/dow-jones-100-year-historical-chart

——黑白遊龍

你也一直持股，那樣代表你贏了嗎？圖 20.2 是通膨調整後的道瓊指數。請注意道瓊指數 1929 年是 5300 點，現在則是 2 萬 4000 點，原本高達 69 倍的漲幅實則只有 4.6倍，等於過去 90 年來的複利年利率只有 1.7%，何況聯準會目標通膨率是每年 2%。嗯……**有時贏其實是輸。**

圖 20.3 更明確點出了問題。通膨調整後，道瓊 1929年和 1989 年都是 5180 點左右。表面上道瓊指數從 350點飆到 3000 點，漲了 8.5 倍，但實際上整整 60 年間的價值根本沒變！華爾街建議大家繼續持股，現在你怎麼看？**有時贏其實是平手。（然後 60 年後就輸了。）**

再仔細研究圖 20.4，裡面有三大重點。首先，經濟大蕭條時，股票翻倍成長，道瓊指數從 52 點升到 104 點。

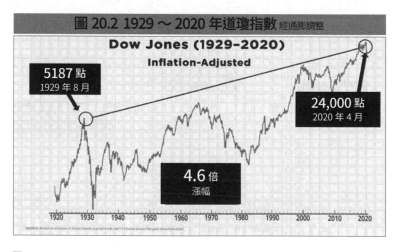

圖 20.2 1929 ～ 2020 年道瓊指數 經通膨調整

其次，經濟大蕭條時歷經六次牛市。第三點則讓投資人最為驚訝，經濟大蕭條並無發生通貨緊縮，反而通貨膨脹非常嚴重。

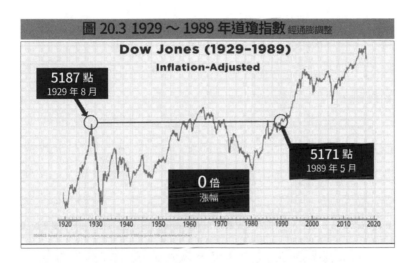

圖 20.3 1929～1989 年道瓊指數 經通膨調整

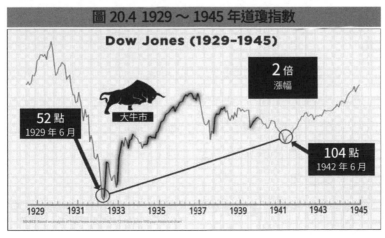

圖 20.4 1929～1945 年道瓊指數

——黑白遊龍

　　看到道瓊指數在這十年間翻倍成長就以為股市大勝，等於只看到樹的高矮而忽略根的深淺。下面的例子會幫助我們更加清楚這是什麼概念。

　　假設投資組合 A 在 1932 年的股市價格是 10 萬美元，到了 1942 年翻倍成 20 萬。經濟大蕭條還能有如此成長，聽起來很棒吧？在路上問 100 個人這樣是贏還輸，99 個都會說大獲全勝。

　　然而事實真是如此嗎？不是的，實際上還損失了10%，因為 1934 年，時任總統小羅斯福實施的新政導致貨幣貶值，一盎司黃金從 20 美元一夕之間漲為 36 美元，等於美元幣值一落千丈、瞬間通膨。雖然投資組合 A 十年來從 10 萬漲到 20 萬，但是實際價值還要打 45 折，所以真正的購買力只剩 9 萬。換句話說，經濟大蕭條還在股市打滾的人其實損失了 10% 財產。**有時贏其實是輸。**

　　「樹高與根深」的概念對投資人來說不好理解，所以這邊要來深入探討。現在我們已經知道要看根扎多深，也就是釐清貨幣的真實價值，那麼就來計算看看華爾街所言「股市總會隨時間上揚」是否代表投資人也總會隨時間取得勝利。

　　圖 20.5 和圖 20.6 都特別標記出道瓊指數 1964 年到

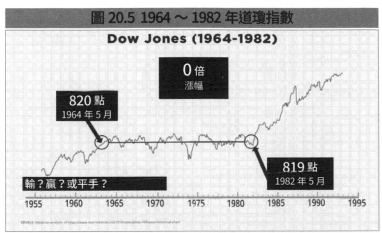

圖 20.5 1964 ～ 1982 年道瓊指數

圖 20.6 1964 ～ 1982 年道瓊指數 經通膨調整

1982 年間的變化。那 18 年的通膨情形相當嚴重,利率
從 3.5% 衝到 20%。請留意通膨嚴重時,股市也跟著橫
向盤整 18 年。我讀過無數文章寫道,股票在通膨年代表

——黑白遊龍

現更好，而作者這樣寫就是為了讓讀者可以將股票和債券兩相比較，畢竟利率提高勢必導致債券價值降低，但是各位可別以為股票不是這麼一回事。

1964 年 5 月的道瓊指數 820 點，1982 年 5 月則是819 點，數字相距不遠，股市看似平穩，報酬率為 0%。若在路上問一般投資人這局面是輸、贏或平手，99% 都會回答平手，但現在各位已經不是一般投資人了，你應該會說：「等等，還得看根扎多深。」這 18 年間美元的價值如何？這問題至關重要。

通膨調整後，道瓊指數 1964 年 5 月是 6854 點，1982 年 5 月是 2207 點，跌了將近 7 成，所以雖然名目上 1964 年的 10 萬美元在 1982 年還是 10 萬美元，但是後者的購買力實則只有約 3 萬美元，意即投資人損失了70% 財產。

簡單打個比方，1964 年一張郵票價格 0.05 美元，1982 年 0.2 美元，可是 1982 年你只買得起 1964 年的四分之一張郵票。**有時平手其實是輸。**

為什麼了解這些這麼重要？一旦我們了解到聯準會的策略方向是讓美元貶值、一旦我們意識到聯準會將動用他們取之不竭的政策工具箱、一旦我們認知到現在印鈔會導致嚴重通膨，我們就必須留意這些會對投資造成什

麼影響。道瓊指數名目上不斷創下歷史新高，而且我相信未來 10 年甚至會衝到 5 萬點，但是不代表投資是明智的選擇。

假設道瓊指數未來 10 年衝到 5 萬點，等於 2020 年到 2030 年名目漲幅為每年 7%，但這代表道瓊指數值得投資嗎？如果 2020 年代的**大貶值**和經濟大蕭條一樣，美元貶值 60%，那就抱歉了。今年投資道瓊指數的 10 萬美元，到 2030 年只會剩下 8 萬美元的購買力。

圖 20.7 反映的是實際狀況。1935 年到 1980 年的 45 年間，利率上升，金融資產表現疲弱，這點非常關鍵。利率不會在短期內直線升降，背後有個 45 年的循環，上漲 45 年再下跌 45 年。受財政政策影響，利率在

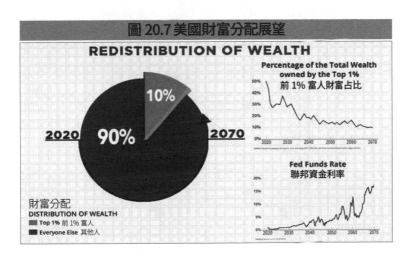

圖 20.7 美國財富分配展望

——黑白遊龍

1935 年到 1980 年間勁揚，從經濟大蕭條時的 0% 升到 20%。

過去 45 年來，聯準會刻意長期壓低利率，越來越多公債機油注入經濟引擎，金融資產價值增加。1935 到 1980 年通貨膨脹，接續至今的 40 年則通貨緊縮。

利率上漲不利於金融資產表現，卻對黃金有利；利率下降有利於金融資產表現，卻對黃金不利。這就是為什麼現在長期投資人必須從金融資產轉投黃金。未來 45 年利率會上升，貨幣則會大幅貶值，因此未來 10 年的景象將雷同於經濟大蕭條。股票看似節節攀升，然而當大家都望著樹有多高，聰明的投資人會觀察根有多深。**對懂得觀察根有多深的人而言，有時贏了就是贏了。**

這也是現行制度危機四伏的原因。各國中央銀行如果維持低利率，整個制度就會崩毀。聯準會想要的是美元長期下來逐漸貶值，速度不會太快，若他們得償所願，利率就會隨著時間上升。個人認為局面會看起來和 1932 年到 1942 年以及 1964 年到 1982 年這兩段時期很像。雖然股票名目價值上漲，持股人卻會因為貨幣貶值而淪為實質上的大輸家。

——黑白遊龍

21
駭客任務

The Matrix

　　集體思維是世上最強大的力量。如同水下的海流影響著浪潮，投資的浪潮也受集體思維牽動。我們難以和集體思維逆向而行，在對的時機捕捉到推動浪潮的動力時，集體思維的力量可以讓我們狂喜無比。

　　投資人長期以來的策略都是以股票和債券建構投資組合，但是如果你發現這兩項標的都不是什麼投資好選擇，該如何是好？你有勇氣跟其他投資人做不一樣的選擇嗎？想像一下，如果現實與你過去 40 年學到的經驗以及原有的投資知識背道而馳，你會如何應對？舉例而言，若你現在就知道道瓊指數未來 10 年報酬率 0%，你願意改變投資策略嗎？

　　馬後炮永遠最響亮，預測未來才是真本事，這就是為什麼本書不斷提醒讀者回頭看看黃金和道瓊指數的歷史紀錄。《華爾街不讓你知道的投資金律》在美國於 2018年 8 月 14 日出版，黃金從那時到現在的表現都大勝道瓊指數。黃金上漲 45%，道瓊下跌 5%。

　　我們走在時代前列，率先提出黃金看漲的趨勢，建議投資人轉投黃金作為**成長策略**。我們的前提是公債增長和財政赤字會降低美元兌黃金的價格，投資人與其遵循華爾街那套，繼續持股擁債，不如購入和持有黃金來得明智。道瓊指數對戰黃金的記分板上，雖然道瓊指數旗

——駭客任務

開得勝，但是長久下來絕對不可能贏過黃金。

這是一種文化變遷，若以上推論屬實，代表史上最大危機和轉機就在眼前。沒有發現危機就不會看見轉機，反之亦然。新思維推翻舊策略，有能力覺察局勢變化的長期投資人將迎來回報，未能覺察的人則會面臨重大損失。

這一切都和集體投資思維脫不了關係。思維轉變會橫跨世代，需要多年慢慢醞釀成形，也需要等待更長時間的積累才能成為大眾眼中的常態，最後才有足夠分量被稱為法則，取代舊思維，引導眾人。那時候就換我們退場了。思維轉變大概每 40 到 50 年會發生一次。圖 21.1 標示出商品市場與股權市場的估價比率，可以看到歷史

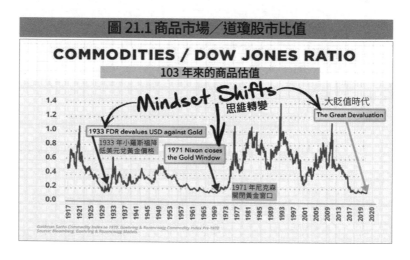

圖 21.1 商品市場／道瓊股市比值

中只出現幾次低點而已。

這比率告訴我們，現在投資商品比投資股權好，每次思維轉變時，黃金都會用來重整美元價值，而思維轉變現在就在我們眼前發生。

美國國會預算局估計 2020 年美國負債將達 4 兆，要是再不改變，未來五年內可能會高達 50 兆。聯準會資產負債表上看 20 兆並非天方夜譚，反而似乎無可避免，這或許就是我《十年報告》這本書爆紅的原因。現在人們不再問我「你怎麼會預測出這麼瘋狂的事？」，而是問我「你之前怎麼知道的？」

我沒有什麼魔法水晶球，也沒有預見 COVID-19 肆虐，我只是單純預測出政府的**對策**和人們的**反應**而已。天下不會永遠太平，經濟衰退也**勢不可免**，無需特別預測，應該預測的是人們的應對方式。利率盪到谷底，剩下唯一能夠因應經濟衰退的方法就是貨幣貶值，每次債務危機終結之前都是如此。經濟已經開始重整，印鈔機早就在全力運轉，疫情只是讓聯準會比較好跟人民交代罷了。

疫情肆虐期間，經濟急遽衰退。股市專家很快站出來為聯準會護航，大力嘉許他們替全球經濟止血，但事實真是如此嗎？縱火和打火的根本是同一群人，可是我們

——駭客任務

不但沒有起訴這些縱火犯，反而還稱讚他們反應很快。我們太習慣信任聯準會，導致我們忽略眼前的事實。

信用市場正逐漸崩潰，透過槓桿操作的那些避險基金因為缺乏流動性而爆發危機，我們卻對這些視而不見，反過頭去讚揚購買垃圾債券的聯準會。我們見證油價降到負 40 美元，但是即使以前認為這不可能發生，現在也沒有把這件事當成經濟體系內爆的徵兆，繼續相信聯準會全知全能。接下來唯一可以預測的是，聯準會打算印更多鈔票，人民則會購入更多股票和債券。

2020 年 3 月到 4 月這八週的股市波動在歷史上排名前段，從高點跌了 35% 到最低點，又因為政府和聯準會猛力注入的流動性而迅速上漲 30%。金融史上，改變未曾如現在這麼快速，大家開始問：生活何時回歸正常？這是新常態嗎？之後會呈 V 型、U 型或 W 型反彈嗎？還是會勾型復甦？

川普、梅努欽和許多人都主張解封後，受到疫情壓抑的需求和美國民眾對回歸正常的渴望將促使經濟回升。比爾蓋茲等人則認為復甦之路還長得很，因為 COVID-19 的檢測比期望中的還慢推廣，疫苗至少還要一年才會開發完成，人們也會為了適應新常態而改變習慣。那麼究竟誰對誰錯呢？

那就看我們在說的是**經濟**還是**股市**了。事實上，股市
並不等於經濟，這是個重要又基本的概念，卻有太多人
誤會兩者相等。聯準會逾十年來的目標都是透過購買資
產讓經濟通貨再膨脹。投資人紛紛買單，他們一直相信
聯準會是在背後支撐大家的後盾，所以理應繼續持股。
這種思維不免讓投資人將股市和實體經濟混為一談。

股市代表經濟嗎？股市應當反映出國內公司的概況和
公司的生產水準，所以邏輯上來說可以作為經濟的主要
指標。川普當選總統以後不斷發推特，吹噓任期前三年
的股市盛況，為自己加分，也加深人們腦海中股市與經
濟之間的鏈結。資產飆高代表經濟變好，對吧？一切都
是川普的功勞。「美國史上最強盛的經濟！」與 2009 年
的低點相比，今年 2 月的股市漲了 3 倍以上，道瓊指數
從 6500 點升到 2 萬 8500 點。這些數據代表經濟狀況不
錯，對吧？

股市代表經濟嗎？美國過去六週有 3000 萬人失業，
以六週失業人數來說是歷史新高，次貸危機至今十年創
造出的工作機會通通消失不見。聯準會操縱經濟十年，
一切卻被打回原形，手上握有的只剩下 24 兆美元的公
債、4 兆美元的年度赤字、懸殊的貧富差距，以及憤怒

——駭客任務

又兩極化的世界。對了，還有漲得誇張的股票。

　　經濟學家推估，最近的失業潮很可能將失業率推向到 15 至 20%，美國歷史上只有 90 年前的經濟大蕭條可與之相比。然而，即便發生 3000 萬人失業這麼嚇人的事情，股票卻上漲了 30%，這樣還能說經濟和股市相等嗎？

　　股市代表經濟嗎？事實再清楚不過了：投資人和一般民眾活在相差甚遠的兩個世界。《華爾街不讓你知道的投資金律》其中一個主要論述就是股市**不代表經濟狀況**。兩者之間的差別擴大了貧富不均，未來將促使嬰兒潮世代和千禧世代互相對立，導致世界劇烈變化。

　　正常生活回**不去了**，要重新思考該何去何從。人生要向前走，當我們頓失所依，就必須用新的思考流程思索未來。大部分人很快就會意識到，急遽的思維轉變本來就會發生，疫情只是催化劑罷了。

　　現在股市和經濟的落差大到無法忽視。股市上漲30% 代表聯準會在背後操控，但是難道失業的 3000 萬人會因為股市勁揚而心情好轉嗎？還是那會加劇他們的憤怒，激化貧富對立呢？所有人都知道聯準會的把戲了，這可不是件好事。

　　經濟在好轉嗎？答案顯然是否定的，一切都往更糟糕

的方向前進。我們整個看待事情的方式都需要重新構思。確診人數指數成長，影響廣泛的疫情衝擊我們整個評價信用等級的體系，樂觀的投資人卻對這些視若無睹。他們受的訓練是追隨聯準會的腳步，制約反應是「聯準會在買，我們也應該跟著買！」

對現在投資人來說重要的是，各國政府與央行都在採行大規模且永無止境的貨幣與財政刺激。印鈔機器超速運轉，失業率很快就會超越經濟大衰退，但是聯準會正在替世界救火，股票和債券的優異表現合理化投資人的樂觀態度。他們都受到制約，以為經濟刺激是好事，就算世界在眼前逐漸崩潰，仍然寧可把頭埋進沙子裡，全心信任聯準會提供的無上限流動性。

那又何嘗不可呢？傻子才跟聯準會作對，是吧？聯準會不論各個金融市場的強弱，一概伸出援手，而那些不賣股票和債券的聰明人必會得到獎賞。問題是，至今有效的策略在未來還會發揮功用嗎？

聯準會可以繼續無限期提供全球市場流動性支持嗎？這問題需要好好思考。我覺得可以，也認為聯準會會這麼做，而且這幾乎是一定的，因為他們別無選擇。如果各位讀者想要穩賺不賠，就賭**聯準會將繼續印鈔**，向全

——駭客任務

球經濟注入上兆美元。

　　這就是為什麼每個投資人都應該持有黃金。聯準會現在竭盡全力要讓美元轉弱，很多投資人聽到「弱」就預設是壞事，然而事情正好相反。強勢美元正重創全球經濟，聯準會明白這點，也決心逆轉情勢。

　　一直印鈔有達到預期的效果讓美元貶值嗎？目前這方面尚未成功。雖然聯準會一直在為市場注入流動性，但美元指數並未動搖。聯準會不避諱地試圖讓美元貶值，卻陷入自我複製的循環，使得過程更加艱難。美元是國際交易貨幣和準備貨幣，本來應該要因為印鈔而貶值，忙著自保的眾人卻又選擇買美元避險，美元價值自然提高，所以美國必須印更多鈔才能避免美元蒸蒸日上。然而，投資人終究會學到不要和聯準會作對。我相信聯準會將得償所願使美元貶值，而金價則會上揚。

　　有些人以為股市和債市是高效能的機械，能夠提供完美價格信號，買家和賣家互相匹配，價值和價格都有證據支持。別人願意付多少錢買，東西就價值多少，是吧？大錯特錯。資本主義已死，十多年前就死了。市場已經好幾十年無法提供完美價格信號，現在只是央行出手管理經濟的證據而已，看看貧富兩方銀行存款的差距就知道了。

　　不幸的是，真相已經水落石出，聯準會的招數不能用了。市場因為聯準會還在收購而忽略千萬失業人口，這便是機器失靈的鐵證。如果買家只剩下央行，那還叫資本主義嗎？需求都是操縱出來的，效率市場理論還站得住腳嗎？聯準會是唯一買家時，供需法則還適用嗎？我們已經被「聯準會是後盾」的想法洗腦到只會向後看著聯準會了嗎？

　　要記得，思維轉變都從小處開始，採納新策略者經常遭到質疑。脫離羊群很難受，尤其是羊群數量龐大的時候，所以通常都會默默進行，越默默越可能成功。訣竅是在思維轉變的動能充足之前盡量就定位，一旦這種「玩法」的大眾接受度提高，動能會大幅增加，黃金得先買好買滿才能賺取最大報酬。新的思維在過去三年慢慢滋長，新舊交替需要時間，過程會出現大量波動，對維持固有策略的人來說非常辛苦，但是洞燭機先、提前行動的人則會得到正面的回饋。

　　思維轉變的成因是什麼？答案是追求快樂、避免痛苦的心理。我們都渴望勝利，也都想避免痛苦和損失，因為痛苦太過難受，而損失需要時間才能平復。懂得買低的投資人在沒人買的時候進場，這並非易事；懂得賣高

　　　　　　　　　　　　　　　　　　——駭客任務

的投資人在眾人買的時候退場，這也並非易事。因此，
快樂和痛苦是篩選出先驅者的過程中，必然出現的感受。
可是如果我們對痛苦麻痺怎麼辦？如果我們制定投資策
略時，感測異常、衡量失準，那該如何是好？如果我們
以為自己迎向勝利，但其實不然呢？

——駭客任務

22
回到未來 2

Back to the Future–Part II

　　美國其實正在努力從歷史中學習，貝南克就是因此才在 2006 年當上聯準會主席。貝南克是研究經濟大蕭條的一流專家，他曾在演講中表示，聯準會已經從大蕭條的錯誤中記取教訓，不會再重蹈覆轍。我認為他說錯了。

　　雖然經濟大蕭條時的經濟運作和現今有所不同，但問題是一樣的。現在的債務泡沫更大，民粹主義和貧富不均也都走向極端。與其追究原因或是怪罪某人，倒不如好好預想接下來的情況。1930 年代，各國央行試圖維持像樣的健全貨幣，但要盡責處理問題非常內耗。那時債務危機壟罩全球，美國是唯一有能力償債的國家。美國財政部的黃金準備量超過 2 萬公噸，約為世界黃金供給量的 85%。

　　雖然 2020 年代的走向將有別於 1930 年代，但還是有些投資人可以汲取的重點相當類似。那時政府失靈，多家企業倒閉導致金融市場重挫、槓桿失控、物價狂跌、美元兌黃金貶值，後來美國能夠通貨再膨脹是因為小羅斯福就職總統後關閉銀行、徵收私有黃金，並承諾聯邦存款保險公司（Federal Deposit Insurance Corporation）會擔保每個帳戶的存款。

　　貝南克表示，經濟大蕭條期間最主要的「失誤」是聯準會反應太慢、不夠強勢。當時普遍想法是無償債能力

的銀行風險過高，政府必須放任銀行倒閉，但貝南克認為是央行沒有作為才導致經濟更加衰退。這解釋了為什麼次貸危機發生時，聯準會的貨幣政策如此激進，也讓我們可以確定他們之後會更加積極介入。不幸的是，聯準會 2009 年後實施的經濟政策其實造成股市和實體經濟加倍脫節。不放任銀行倒閉不是資本主義的表現，而是社會主義；雖然可能有其必要，但一樣還是社會主義。別忘了，「沒有破產的資本主義，就像沒有地獄的天主教」。

各國央行現在為了避免經濟危機帶來的必然之苦，正竭盡所能解決問題。貝南克從過去「學到」，與其死命撐過經濟衰退，不如直接避免衰退發生，但他的想法有一個問題：美元貶值會帶來更深層的經濟衰退，是貨幣貶值所致的那種衰退。但別擔心，聯準會已經「記取教訓」了。長期投資人都明白聯準會將持續印鈔，因為沒有別的辦法了，印鈔情形只會愈發嚴重，貨幣也會隨之貶值。華爾街名言「別跟聯準會作對」未來仍會是最佳策略，只是現在聯準會希望的是美元貶值，也肯定會得償所願。

牛頓運動第三運動定律：每個作用力必有大小相等的反作用力。央行的「作用力」促使現金流動到股市和債

市數十年。聯準會的政策一直都在替承擔高風險的銀行家解困，造成票據市場勁揚，冒出終將破滅的資產泡沫。泡沫破掉之後，聯準會優先協助銀行家，任由人民受苦。金融資產增值，實體經濟卻付出代價，加大貧富差距。現在，集體思維正在轉變當中。

這對購買黃金的人是大好消息，更值得高興的是，新的集體思維需要時間慢慢茁壯。許多人畏懼的股市大崩盤不太可能發生。政府目前正向市場挹注流動性，幫助金融資產保值，我預期道瓊指數未來 10 年應該會漲到 4 萬點。本書並非告訴各位「股市要崩盤了，趕快買黃金」，而是「股市不會崩盤，趕快買黃金」。這點是了解新集體思維的重要關鍵。

好消息是，離大眾搞清楚狀況還有些時間。股市飆漲之際，理財顧問都會指向「樹的高點」告訴客戶：「你看！股票上漲了，我們說的沒錯，只要照著我們的規畫走就好，絕對不要賣出！」屆時大眾會陷入催眠，而相信大**貶值**思維的人即能大賺一筆。

——回到未來 2

23
無敵浩克

The Incredible Hulk

黃金是反美元。一世紀多來，聯準會都將美元塑造成全世界都應該持有的真正貨幣，聲稱黃金是古代文物，在現今貨幣制度並無一席之地。聯準會自創立之初便試圖打擊黃金的地位，無奈前 58 年並不順利，美元仍然受到黃金約束，但是後 40 年裡，美元戰勝黃金，權力菁英從中的獲利最為可觀，貧富差距劇烈惡化。

聯準會扶持美元稱王的計畫大功告成，以下數據可以佐證。1980 年，8% 可投資資產都投入黃金或是黃金擔保證券，現在只有大約 0.25%，也就是 40 年前的三十二分之一。最近黃金需求高漲，聯準會也在同一時間把資產負債表擴張成 32 倍，從當年的 1300 億到現在的 4.1 兆。全球美元需求增加，黃金需求降低，數字這麼剛好，難道是巧合嗎？

試試看在公開場合問聯準會任何一員，黃金對聯準會的意義何在，保證對方會大笑或嗤之以鼻，然後把你打發掉。聯準會想要全世界都以為黃金無足輕重，事實卻不然，黃金在全球經濟還是扮演著極為重要的角色。如果黃金真如聯準會描繪的那麼無用，為什麼全球央行這麼積極添加黃金準備？顯然，現今世界依然適用「得黃金者得天下」的黃金法則。

面對經濟危機，釀成 90 年前大蕭條的方法是現在唯

——無敵浩克

一出路嗎？經濟注定要瓦解嗎？沒有能做的事了嗎？下次美元貶值之前必得歷經巨大磨難嗎？好幾年來，這些問題在我心中縈繞不去。

樂觀的人建議整頓國家財政，希望政府增稅、勒緊褲帶，透過撙節政策和經濟成長來償債，但這是不切實際的白日夢。首先，全球主要國家的政府支出都高過稅收，超出的部分還不只一點點，而是非常之多。從人口的角度切入，嬰兒潮世代的平均壽命會比他們的祖父母長五年，美國政府要負擔這些人的社會安全福利和健保，但是這兩項的資金都沒有著落，遑論還要加上資金不足的退休金補助，根本不可能整頓國家財政。最後一點則是因為左派崛起，主張負債和赤字無關緊要的現代貨幣理論成為大勢。總而言之，我們再也無法希冀這條路可行了。

每個人都知道要出大事了，但是**沒有人有實際的解決方法可以避開問題**。對那些還想維持理智的人而言，唯一的辦法就是忽視明顯將至的災難，好好活在當下，寬慰自己至少大家都在同一艘船上，無論未來如何都能互相取暖。可是，我們真的就只能這樣想嗎？

蘋果掉到牛頓頭上，幫助他頓悟出地心引力。在頓悟之前，人通常得先思量過問題的各方各面，憑直覺相信

必有答案，只是還看不出來而已。問題越大，求解的過程越可能遇挫折。

聯準會要怎麼帶我們從量化寬鬆的混亂中走出來？這問題一直困擾著我。政策正常化不行、經濟成長也不行，這兩條路都會帶來高利率，還不清的債務只會越積越多。總有一個副作用沒那麼大的方法吧？千思百慮之際，我的製作人傳了一部影片給我，內容是貝南克 2012 年接受時任聯邦眾議員榮恩・保羅（Ron Paul）的質詢。

保羅：你認為黃金是貨幣嗎？

貝南克：不！

保羅：黃金作為貨幣已經有 6000 年歷史，你是說有人抹滅這項事實囉？為什麼各國央行還持有黃金？

貝南克：那是一種準備資產。

保羅：為什麼不是鑽石？

貝南克：傳統上就是這樣。

我恍然大悟，像閃電擊中一樣。我頭上的燈泡亮起，但不是因為愛撒錢而外號「直升機班」的班・貝南克在影片中矢口否認黃金的重要性，畢竟聯準會已經否認 47 年了，不足為奇。不一樣的是，以前我只注意到否認的

——無敵浩克

部分，但這次我焦點放在他承認的部分，亦即「黃金是一種準備資產」。

一切豁然開朗，我驚訝得不得了。對聯準會來說，國庫券是準備、不動產抵押證券也是準備，而且他們一直以來都隨心所欲操縱著這兩者與其他準備資產，花費上兆美元買進。聯準會靠操縱準備資產度日，這就是他們的工作。他們近十年來都在購入這些「資產」，現在還考慮實行負利率、買入更多準備資產，操縱的情形只會越來越嚴重。於是我開始想，如果聯準會可以操縱這些準備，難道他們不能照樣操縱黃金準備嗎？

答案就藏在資產負債表裡。一般資產負債表內含資產、負債和業主權益，聯準會的也不例外。會計基礎概念是「資產＝負債＋業主權益」，每一份資產負債表皆然。1980 年，聯準會資產負債表上有 8% 的總資產為實體黃金（見圖 23.1），在資產那欄算起來是 110 億美元。

聯準會過去 40 年都在購入債券，資產負債表從 1980年的 1500 億美元擴增到 2019 的 4.1 兆，現在受到疫情數週的衝擊後，已經變成 6.7 兆了。仔細一瞧就能發現最顯眼的地方藏了一個秘密。從圖 23.2 可以知道聯準會資產負債表的黃金準備依然等於 110 億美元，但這樣兜不上啊！黃金當時市價每盎司 1560 美元，所以資產負債

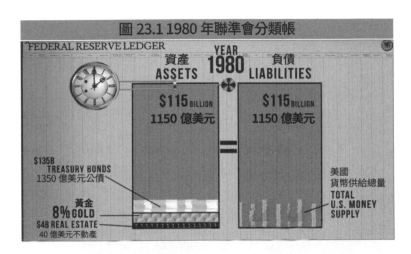

圖 23.1 1980 年聯準會分類帳

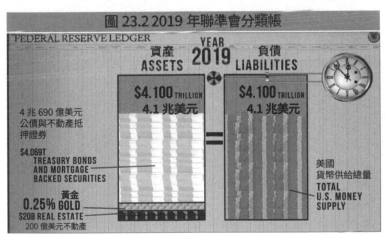

圖 23.2 2019 年聯準會分類帳

——無敵浩克

表上 8100 公噸的黃金應該價值 4000 億美元,卻在帳面上**估價過低**,價值僅剩三十二分之一。

聯邦資產負債表居然將黃金列為每盎司 42.22 美元,但那已經是 1971 年的價格了,讓人不得不問,為什麼金價都已經超過 1560 美元,聯準會卻把黃金估低那麼多呢?

答案其實很簡單:黃金是聯準會的剋星。超過一世紀以來,聯準會都在努力抹滅黃金的重要性,所有牽涉黃金的實質貨幣政策都在防止黃金提高美元供給,只要稍微提到黃金,就等同聯準會認輸。可是為何帳列的金價和市價不一樣?

公布答案:美國從來就沒調整過價格。尼克森政府 1971 年關閉黃金窗口,讓美元正式成為法令貨幣,這本來只是為了應急,尼克森並不知道全世界都會配合美元,但他的策略成功了。關閉黃金窗口起初只是個暫時手段,卻沿用至今,美國逃過一劫。罪犯不會事後出面認錯,尤其逃過追查的罪犯更是不會,坦白一切對美國一點誘因都沒有。

維持金價在每盎司 42.22 美元最有利於美國政策決策者。黃金窗口關閉讓美國有控制金價的自由,所以美元貶值的同時還能大幅擴張資產負債表。這是聯準會暗藏

的王牌，他們可以隨時貨幣化黃金，即刻造成美元貶值。

這就是為什麼各國央行全是黃金淨買家。美國之前已經操控過黃金價格了，兩次的時間點都是遇到龐大債務危機。現在我們也正遭逢另一場公債危機，可惜激進的控制手段都是在危機發生*之後*，而非之前。

如果美國主動調整金價到每盎司 1 萬美元呢？這有可能嗎？有的，而且不難。聯準會過去透過公開市場操作，購入資產協助降息，現在只要改對黃金進行公開市場操作即可，向市場暗示美國想要把金價抬到 1 萬美元。相信我，這目標很快就會達成。若說我們從過去學到什麼，那就是跟著央行買就對了。

世界各國都能因金價上漲而受益。每家央行的資產負債表都有同樣的問題，升息必會造成流動性危機。黃金是每家央行手上唯一還有點價值的東西（見下頁圖 23.3），所以金價上漲不單對美國有利，全球皆能受惠。

金價漲到 1 萬美元可以嘉惠全球，讓各國央行的資產負債表強化 7 倍，聯準會資產負債表則能增強 238 倍（見下頁圖 23.4），讓美元接下來 50 年繼續維持國際交易貨幣的地位。金價上漲這一招真的可以「讓美國再度偉大」，而且所有主要國家都會感謝美國，樂於配合。

——無敵浩克

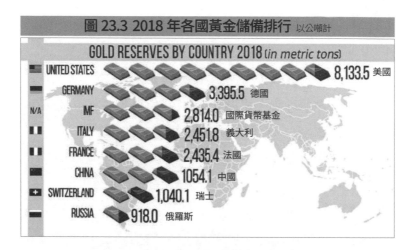

圖 23.3 2018 年各國黃金儲備排行 以公噸計

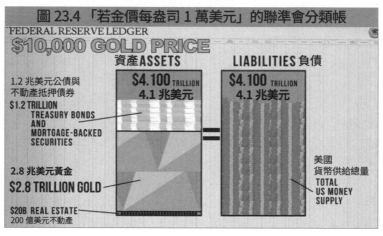

圖 23.4 「若金價每盎司 1 萬美元」的聯準會分類帳

等一下，美國不能那樣做吧？不會發生這種事吧？這不是一種操縱行為嗎？是的。買下 3.5 兆美元的債券，再把利率降成 0%，這不是操縱是什麼？這當然是一種操縱行為，聯準會就是在做這種事。聯準會靠著買賣準備資產操縱制度，大概每 15 年會改變規則，龐氏騙局才能繼續下去。聯準會肯定會操縱制度，重點應該放在他們**如何**做到。

要知道，**這不會是新的金本位制度。**各國央行可以靠**著黃金買賣**，隨心所欲控制利率和貨幣供給，想升息就買黃金，想降息就賣黃金。買公債並透過公開市場操作購入黃金可以強化資產負債表，使其能與有價值的實質資產互相抗衡，同時又能控制住利率。圖 23.4 模擬了資產負債表在金價上漲到 1 萬元後的樣子。

大規模財政刺激加上極度寬鬆的貨幣就是我們的未來。金價 1 萬美元大概可以替資產負債表上的資產增加 3 兆美元。目前資產負債表槓桿倍數大於 200，有了那 3 兆美元，聯準會就能只用 25 倍的槓桿把資產負債表擴張到 100 兆。

別忘了，1933 年金價高升是因為有小羅斯福的行政命令，隨之而來的是狂飆的資產價格，股市連三年翻

——無敵浩克

兩倍。瞬間上漲的金價幫助全世界脫離了經濟大蕭條。
1971 年，尼克森透過行政行為關閉黃金窗口，讓美元成
為法令貨幣，稱霸全球 50 年。這兩位知名總統處理經濟
危機都是單打獨鬥，**並未借助**國會或其他政府單位的力
量。

要是現在有總統願意對聯準會出手，不顧政治阻力接
管貨幣制度呢？例如川普？拜登？在我看來，不論誰贏
了 2020 總統大選都很有可能這麼做，而且這麼做會和他
原有的論調完全一致。

美國政府現有的黃金微乎其微，95% 都是非實體黃
金，近乎所有投資級的實體黃金都在各國央行手上，因
此調漲金價會更加容易。圖 23.5 描繪的是聯邦資產負債
表 40 年後可能的模樣，鐘擺晃到另一端高峰，黃金準
備量又回到總資產的 8%，屆時金價將會是每盎司 2 萬
7500 美元。

當然，有個不這麼做的理由是，承認黃金在現代的重
要性等於聯準會和既有貨幣制度的終結。聯準會要是承
認黃金有其價值，恐怕等同自認沒用。

我早年在娛樂圈打滾時，曾和漫畫英雄之父史丹李合
作過。他創作的英雄故事有個共同的中心思想：要是你
最大的弱點成為你最大的優勢呢？聯準會現正面臨史前

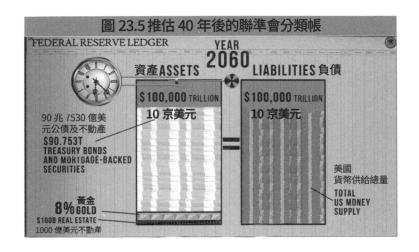

圖 23.5 推估 40 年後的聯準會分類帳

的信任危機，會不會黃金這個最大弱點其實是他們的最大優勢呢？如果承認黃金一直以來都是王牌，聯準會便得以跳脫自欺欺人的陷阱，保障未來 50 年的生存呢？

　　信任的定義是「相信看不見的事物」，是聯準會最重要的資產，失去外界的信任是他們最大的威脅。黃金是有形資產，真切存在，看得到也摸得到，不需要指望他人的信任。聯準會只要認可黃金，制度就能更加壯大，比創始至今任何時候都還要穩固。這件事情值得大家好好思考。

　　保羅紐曼主演的電影《刺激》使得「過終點線才投注」

　　　　　　　　　　　　　　　　　　　　——無敵浩克

的博彩行話廣為人知。這句話的意思是賽馬跑過終點線、
冠軍揭曉了才投注。如果未來可以確定，下注就很容易。
雖然我們沒有預測未來的水晶球，但是可以前瞻思考。

　　希望本書可以提供各位前瞻思考時的方向。有一件事
是確定的：全球「公債流行病」再加上 COVID-19 的疫
情危機，會改變社會未來的集體思維。疫情雖是意料之
外，但時機正是剛好。

——無敵浩克

24
美元黃金
一盤棋

*Searching for Bobby Fischer**

* 電影中文片名為《天生小棋王》，原片名中的巴比・費雪（Bobby Fisher）是美國史上著名的西洋棋士。

本書初稿完成於 COVID-19 危機之前，預測內容來自我 2019 年 8 月 14 日年度「黃金高峰會」的 90 分鐘演講，演講名稱正是「大貶值」。當時我把即將到來的貨幣重置比喻成「和西洋棋大師對弈時犯了個失誤，落敗只是遲早的事」。後面附上當時演講的系列投影片，對那場演講有興趣的人可以上網觀看，網址是：www.goldisabetterway.com。

圖 24.1 黃金 vs. 美元的棋局

——美元黃金一盤棋

圖 24.2
第一步棋

End of business cycle

Financial assets struggle

Valuations too high

景氣循環終結
金融資產表現疲弱
資產估價過高

圖 24.3
第二步棋

The Federal Reserve cannot normalize

Cause's financial assets to collapse

聯準會無法政策正常化，
金融資產因而崩潰

**圖 24.4
第三步棋**

Central Banks are forced to lower interest rates

各國央行不得不降息

**圖 24.5
第四步棋**

Investors exit financial markets

Creates the next recession

投資人退出金融市場，
造成經濟衰退

圖 24.6
第五步棋

Recession forces
central banks to
borrow and print
trillions of dollars
of new money

經濟衰退迫使各國央行
貸入及印出上兆鈔票

圖 24.7
第六步棋

Dollars devalue

Gold prices surge
higher

美元貶值
金價更加飆升

圖 24.8
第七步棋

Recession hits in earnest

World crisis

Millennials face off against boomers

經濟衰退達極嚴重
全球危機
千禧世代和嬰兒潮世代對立

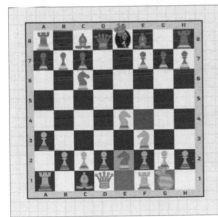

圖 24.9
第八步棋

The pendulum shifts

New leaders enact social policies

Massive fiscal stimulus

鐘擺轉向
新領袖出來制定社會政策
出現大規模財政刺激

——美元黃金一盤棋

圖 24.10
第九步棋

Largest transfer of wealth in human history

Money funneled from the rich to the working class

發生人類史上最大財富轉移
富人財產流入勞工階級

圖 24.11
第十步棋

"CHECK MATE"

Coordinated currency devaluation (2025-2027)

Gold prices will move to $10,000

「將軍」！
各國貨幣協調同步貶值（2025 至 2027 年）
金價漲到 1 萬美元

大貶值（二版）
黃金價格與貨幣震盪的全球大敘事

The Great Devaluation
How to Embrace, Prepare, and Profit from the Coming Global Monetary Reset

亞當‧巴拉塔 Adam Baratta ■ 著
鄭婉伶、鄭依如、王婉茜、陳羿彣 ■ 譯

書系｜知道的書Catch on!	書號｜HC0100R

著　　　者	亞當‧巴拉塔（Adam Baratta）
譯　　　者	鄭婉伶、鄭依如、王婉茜、陳羿彣
行 銷 企 畫	廖倚萱
業 務 發 行	王綬晨、邱紹溢、劉文雅
總 　編 　輯	鄭俊平
發 　行 　人	蘇拾平

出　　　版	大寫出版
發　　　行	大雁出版基地 www.andbooks.com.tw
	地址：新北市新店區北新路三段207-3號5樓
	電話：(02)8913-1005 傳真：(02)8913-1056
	劃撥帳號：19983379　戶名：大雁文化事業股份有限公司

二 版 二 刷　2024年6月
定　　　價　500元
版權所有‧翻印必究
ISBN 978-626-7293-42-3
Printed in Taiwan‧All Rights Reserved
本書如遇缺頁、購買時即破損等瑕疵，請寄回本社更換

國家圖書館出版品預行編目（CIP）資料

大貶值：黃金價格與貨幣震盪的全球大敘事 / 亞當‧巴拉塔（Adam Baratta）著；鄭婉伶、鄭依如、王婉茜、陳羿彣 譯｜二版｜新北市：大寫出版：大雁出版基地發行，2024.03
314面；14.8x20.9公分.（知道的書Catch on! HC0100R）
譯自：The Great Devaluation：How to Embrace, Prepare, and Profit from the Coming Global Monetary Reset
ISBN 978-626-7293-42-3（平裝）

1.CST: 國際貨幣市場　2.CST: 國際經濟　3.CST: 貨幣政策

561.74　　　　　　　　　　　　　　　　　　　　　　　113000220

Catch on!
知道的書